AF452200

LA COMEDIE

DES COMEDIENS,

OU

L'AMOUR CHARLATAN.

Repreſentée pour la premiere fois
le 5. Août 1710.

ACTEURS.

Mr GRICHARDIN, riche Bourgeois.

LUCILE, Femme de Mr Grichardin.

ANGELIQUE, Fille de Mr Grichardin.

ISABELLE, Niece de Mr Grichardin.

MARTON, Amie de Lucile, qui demeure avec elle.

Meſſieurs {
BARON, ſous le nom de Leandre.
BEAUBOUR, ſous le nom d'Eraſte.
LATHORILIERE.
POISSON.
} Comediens.

NICOLE, Servante de Mr Grichardin.

Troupe de Symphoniſtes.

UN LAQUAIS de Mr Grichardin.

Déguiſement du ſecond Acte.

DE LATHORILIERE en Financier, & en Mezetin.

ANGELIQUE en Docteur.

La Scene eſt chez Monſieur Grichardin, dans une maiſon de Fauxbourg.

LA COMEDIE

DES
COMEDIENS,
OU
L'AMOUR CHARLATAN.

Le Theatre represente le jardin de M.
Grichardin.

ACTE I.

SCENE PREMIERE.

LUCILE, MARTON.

MARTON.

OSTRE bon-homme de mari ne
cherche qu'à vous faire plaisir,
comme vous voyez ; il a dessein
apparemment de vous donner aujourd'hui quelque fête , quelque
espece de bal , & de vous faire trouver chez
vous, pour vous y fixer les innocens amuse-
mens que vous aviez coûtume de prendre en
public, comme les autres.

A ij

LUCILE.

C'eſt un fort bon-homme , un fort galant homme que Monſieur Griehardin , Marton ; & comme il n'y a que douze ou quinze jours que nous ſommes mariez , je m'accommode encore aſſez de ſes manieres.

MARTON.

Je m'en étonne , je craignois que vous n'en fuſſiez dégoûtée dés le premier jour.

LUCILE.

Pourquoy cela , Marton ?

MARTON.

Pourquoy ? c'eſt qu'il n'y a pas entre vous & lui grande ſimétrie , ni pour l'âge , ni pour l'humeur.

LUCILE.

Il fait tout ce que je veux , Marton.

MARTON.

Cela ne durera pas.

LUCILE.

Hé la raiſon ?

MARTON.

La raiſon ? c'eſt que vous ne tarderez peut-être pas à faire ce qu'il ne voudra point.

LUCILE.

J'aurai toûjours lesmémes égards , s'il a toûjours la même complaiſance.

MARTON.

Vous exigerez peut - être qu'il la pouſſe plus loin , & qu'il devienne un peu des amis de Leandre , qui depuis long-temps eſt ſi fort des nôtres.

LUCILE.

Monſieur Grichardin ne paroît pas le haïr.

MARTON.

Non : mais je ſuis ſûre qu'il ne l'aime gueres , & je ne ſçai même s'il ne commence pas à en devenir jaloux.

LUCILE.

La jalousie seroit mal fondée, l'estime & l'amitié que j'ai pour Leandre...

MARTON.

Simple habitude, amitié d'enfance : qui le sçait mieux que moy ? nous avons été tous trois élevez ensemble, nos familles étoient amies, nos peres se sont ruinez de compagnie, le vôtre en repas, le mien au jeu, & celui de Leandre avec les femmes ; oh pour cela c'étoit trois Bourgeois bien distinguez dans le quartier.

LUCILE.

Nos fortunes n'en sont pas meilleures.

MARTON.

Oh pour cela non. Victimes de leur éclatante conduite, nous nous sommes trouvez tous trois sans établissement. Monsieur Guichardin vient de faire le vôtre en vous epousant : je trouve un azile auprés de vous, en attendant mieux.

LUCILE.

Autant que je pourrai contribuer à vôtre bonheur, ma chere Marton...

MARTON.

Mes vûës sont bornees, Madame, je veux faire comme Leandre ; il a tenté fortune par plusieurs routes, il a été Ecolier en Droit, Apprentif Notaire, façon d'Abbé, Regent de Sixiéme, Commis de la Doüanne, Avocat, Maître à danser: il s'est fait depuis peu Comedien, ce n'est pas le plus mauvais parti qu'il pouvoit prendre.

LUCILE.

Mais tes vûës ne sont pas de passer par tous ces grades-là, Marton?

MARTON.

Non, Madame, mais d'arriver au but : ma grande fureur est de joüer la Comedie.

LUCILE.

Je ne blâme point en toy cette passion, non plus qu'en Leandre.

A iij

MARTON.

Vous auriez bonne grace de la blâmer ! jeune
& bien-fait comme est Leandre, avec de l'esprit & des talens, il se fera connoître & estimer peut-être; il passera du moins ses plus beaux
jours dans les plaisirs, & s'approchera des personnes les plus distinguées, dont sa naissance
& sa fortune sembloient pour toûjours l'éloigner.

LUCILE.

Je vois bien, ma chere Marton, que ta passion dominante est de t'approcher aussi des personnes de distinction.

MARTON.

Je ne manque pas de talens pour cela, & je
ne serois pas une mauvaise recruë pour une
Troupe.

LUCILE.

Ne serois-tu point amoureuse de Leandre ?

MARTON.

Ces fantaisies-là nous ont passé : mais vous...

LUCILE.

Le voici, je crois, Marton.

MARTON.

C'est lui-même, il vient ici souvent, ce n'est
pas pour moy, quelqu'autre raison l'y attire.

LUCILE.

Que tu es extravagante !

SCENE II.

LEANDRE, LUCILE, MARTON.

LUCILE.

BOn-jour, Leandre, vous me faites bien
plaisir de me venir voir. Ne joüez-vous

point aujourd'hui ? & passerez-vous avec nous toute la journée ?

LEANDRE.

J'y voudrois passer toute ma vie. Je suis trop sensible à l'accüeil que vous me faites, & au plaisir de vous voir joüir d'une fortune brillante, quoyque fort au dessous de celle que vous meritez...

LUCILE.

Oh pour une fortune brillante, retranchez cela, je vous prie, Leandre.

MARTON.

Comment donc ? comptez-vous pour rien d'être la femme d'un riche Ex-apoticaire, qui passe la vie la plus agreable aux dépens de quantité de pauvres défunts qu'il a envoyez en l'autre monde ?

LEANDRE.

Vous êtes contente, & vous devez l'être, & je ne negligerai jamais d'être le témoin de vôtre bonheur, le plus souvent, & le plus long-temps qu'il me sera possible.

MARTON.

Ma foy, Madame, cette Comedie donne de l'esprit, & Leandre ne parloit pas si bien à ma fantaisie, quand il n'étoit que Regent de Sixiéme, ou Commis de la Doüanne.

LEANDRE.

Comment suis-je avec Monsieur Grichardin ? j'ai grand interêt d'y être bien.

LUCILE.

Je n'ai point remarqué qu'il vous vit à regret ici.

MARTON.

Je n'ai point remarqué qu'il vous y vit de trop bon œil moy.

LEANDRE.

Que je serois malheureux !

LUCILE.

Pourquoy donc ?

LEANDRE.

Je vais vous faire une confidence d'où dépend abfolument le bonheur de ma vie... je fuis amoureux.

LUCILE.

Vous amoureux ! eh de qui, Leandre ?

LEANDRE.

D'Angelique, Madame.

LUCILE.

De ma belle-fille ?

MARTON.

Cela fuffira pour vous broüiller avec Monfieur Grichardin.

LUCILE.

Angelique vous aime-t-elle ?

LEANDRE.

Je m'en flate : mais je n'en ai nulle certitude.

MARTON.

Il faut commencer par s'en éclaircir.

LUCILE.

S'il ne vous faloit que mon aveu pour devenir heureux, vous le feriez bientôt, Leandre, je vous affure.

MARTON.

En faveur de l'ancienne connoiffance, je vous promets de mon côté de travailler pour vous : mais à de certaines conditions...

LEANDRE.

Il n'en eft point aufquelles je ne foufcrive, parlez.

MARTON.

C'eft de me mettre de la Troupe. Vous êtes amoureux d'Angelique, & moy amoureufe de la Comedie.

LEANDRE.

Cela fe rencontre le mieux du monde, Erafte mon ami & mon camarade eft auffi depuis

quelque temps épris des charmes d'Isabelle.
LUCILE.
La niece de Monsieur Grichardin ?
LEANDRE.
Oui , Madame.
MARTON.
La Troupe en veut furieusement à la famil-
le. N'y auroit - il point aussi quelqu'une de
vos Demoiselles charmée des beaux yeux de
Monsieur Grichardin ?

LEANDRE.

Je n'en ai pas oüi parler jusques à present ;
mais , ma chere Marton , travaillez à mon bonheur , & à celui d'Eraste : nous vous faciliterons
autant qu'il nous sera possible le succés de ce que
vous souhaitez.
MARTON.
Oui , mais sans qu'il m'en coute rien au
moins. J'ai assez de merite pour avoir une part
sans l'acheter ni en gros ni en détail.
LEANDRE.
Vous n'êtes pas faite pour rien acheter.
MARTON.
Ni vous pour aimer à crédit.
LEANDRE.
Ne desaprouverez-vous point les soins que
nous prendrons , Madame ?
LUCILE.
Je les apuyerai de tout mon pouvoir.
MARTON.
Oh çà ne perdons point de temps , voyons
ce qu'il y a à faire ; vôtre camarade est-il aimé d'Isabelle ?
LEANDRE.
Il est assuré de son aveu , & la grande fureur
d'Isabelle est comme à vous de joüer la Comedie.

A v

MARTON.

Tant mieux, la grande affaire est de connoître le cœur d'Angelique, & s'il se détermine en
vôtre faveur...

LEANDRE.

Que ne vous devrai-je point, ma chere Marton?

MARTON.

La voici je pense? cachez-vous dans ce cabinet de verdure, vous, Leandre, vous entendrez
la conversation; & vous, Madame, aidez-moy
à la faire parler, & à connoître les sentimens
qu'elle a pour Leandre.

LUCILE.

Je le veux bien.

LEANDRE.

Mais Marton...

MARTON.

Hé ! ne craignez point d'écouter; les jolis
gens comme vous font souvent plus heureux
qu'ils ne meritent. La petite personne paroît
avoir l'esprit occupé, c'est de Leandre, sur
ma parole.

SCENE III.

ANGELIQUE, LUCILE, MARTON.

ANGELIQUE.

JE m'étois imaginé avoir vû entrer ici....
Quand on a l'idée remplie de ce qu'on aime...
Je me suis trompée.

LUCILE.

Que cherchez-vous, Angelique?

ANGELIQUE.

Rien , Madame.

MARTON.

Oh ! si fait , si fait , Mademoiselle ?

ANGELIQUE.

Pardonnez-moy , Mademoiselle Marton , je vous assure.

MARTON.

Pardonnez-moy , vous-même , & Madame & moy nous sçavons bien ce que vous cherchez.

ANGELIQUE.

Vous le sçavez ? vous m'embarrassez , Marton , je me retire.

LUCILE.

Demeurez , Angelique , demeurez , on n'a pas dessein de vous faire de la peine.

MARTON.

Madame n'a point d'autre objet que de vous rendre service.

ANGELIQUE.

Serieusement ?

MARTON.

Tres-serieusement.

ANGELIQUE.

Ah si cela étoit vrai , que je vous aimerois , Madame , quoique vous soyez ma belle-mere.

LUCILE.

Vous pouvez compter absolument sur moy , ma chere enfant.

MARTON.

Et sur moy de même , je vous en donne ma parole : mais au bout du compte , pour vous rendre service , il faut sçavoir en quoy l'on peut vous obliger.

ANGELIQUE.

Ne le devinez-vous pas , Marton ? & ne sça-vez-vous point à vôtre âge ce qui interesse le plus une jeune personne ?

A vj

MARTON.

Si je le fçai ? c'eſt un amant je gage ; je ſuis
dans le même cas, moy qui vous parle.

ANGELIQUE.

Vous êtes dans le même cas, dites-vous ?

MARTON.

Oui vraiment, demandez plûtôt à Madame;
c'eſt une eſpece de maladie qui court beaucoup
dans ces temps-ci parmi les jeunes filles.

ANGELIQUE.

Vous appellez cela une maladie ?

LUCILE.

Sans doute.

MARTON.

Mais les ſuites n'en ſont pas dangereuſes,
quand on prend ſoin d'y remedier de bonne
heure.

ANGELIQUE.

Je ferai tout ce que vous me conſeillerez de
faire pour y remedier, je vous aſſure.

MARTON.

Vous n'avez point de repugnance pour les re-
medes, je vois bien cela : mais il ſeroit bon
avant toutes choſes de connoître & la nature,
& l'auteur du mal. Expliquez-vous, parlez ?

ANGELIQUE.

Je ne ſçaurois dire ces choſes-là, Marton

MARTON.

Quelle modeſtie ! il faut vous interroger,
n'eſt-ce pas ?

ANGELIQUE.

Vous me ferez plaiſir.

MARTON.

C'eſt un grand ſoulagement pour la pudeur.

LUCILE.

Oh finis, Marton, ne badine point.

MARTON.

Que vous êtes vive! vous ne compatiſſez point

aux foib eſſes d'une pauvre petite malade... Ne
ſentez-vous pas quelquefois, dans de certains
momens, de certaines inquietudes... Là...

ANGELIQUE.

Oui, Marton.

MARTON.

Quand vous ne voyez pas...

ANGÉLIQUE.

Qui, Marton?

MARTON.

De grandes impatiences de le revoir.

ANGELIQUE.

Qui, Marton?

MARTON.

Beaucoup de plaiſir, quand il eſt ici.

ANGELIQUE.

Mais qui donc, Marton, explique-toy?

MARTON.

Oh! qui, qui, Marton, expliquez-vous vous-
méme? c'eſt à moy de vous interroger, nous en
ſommes convenuës.

ANGELIQUE.

Vous ne m'interrogez point comme il faut,
que ne me demandez-vous ſi ce n'eſt pas Leandre?

MARTON.

Hé! que répondrez-vous ſi je vous le demande?

ANGELIQUE.

Je vous avouërai que c'eſt lui-méme.

LUCILE.

Elle eſt ſincere.

MARTON.

Venez joüir d'un ſi tendre aveu, approchez,
Leandre. Je prévois que je ſerai de la Troupe.

ANGELIQUE.

Ah Ciel!

SCENE IV.

LEANDRE, ANGELIQUE, LUCILE, MARTON.

LEANDRE.

ADorable Angelique , je n'abuferai point de la connoiffance que j'ai de mon bon-heur , & je vais redoubler mes foins & mon at-tention pour n'en être pas tout à fait indigne.

ANGELIQUE.

C'eft une furprife que ceci , Leandre , & fans la petite trahifon qu'on m'a faite, vous n'auriez pas fi-tôt fçû que je vous aime.

MARTON.

Vous appellez cela une trahifon ?

ANGELIQUE.

Vous fçavez ma foibleffe , voudrez-vous bien l'excufer , Madame , & nous aider à perfuader à mon pere de confentir à nous rendre heu-reux ?

LUCILE.

Il a fait mon bonheur , je ferois ingrate de ne pas contribuer au vôtre.

LEANDRE.

Ah, Madame !

MARTON.

Treve de complimens , allons au fait , tout ira bien.

ANGELIQUE.

Au moins , Madame , fi vous vouliez vivre heureufe avec mon pere , il faut que vous vous rendiez un peu la maîtreffe.

MARTON.

Nous avons de bonnes difpofitions pour cela.

LUCILE.

Vôtre avis eft bon, je le fuivrai.

ANGELIQUE.

Fcuë ma mere l'avoit mis fur ce pied-là.

LUCILE,

Je l'ai oui dire.

ANGELIQUE.

Elle lui faifoit faire tout ce qu'elle vouloit.

MARTON.

Cela étoit heureux.

ANGELIQUE.

Il faut qu'il faffe auffi tout ce que vous voudrez, & que vous vouliez toûjours qu'il me ma-
rie avec Leandre.

MARTON.

Je crois l'entendre ; rentrez dans le cabinet,
Leandre, nous allons le mettre fur vôtre chapi-
tre, & vous fçaurez auffi par vous-même fi le
pere penfe de vous comme la fille.

LEANDRE.

Je crains qu'il n'y ait bien de la difference.

SCENE V.

**Mr GRICHARDIN, LUCILE,
ANGELIQUE, MARTON.**

LUCILE.

VOus revenez un peu tard, Monfieur?

Mr GRICHARDIN.

J'ai eu quelques ordres à donner, n'eft-il pas
venu ici ?..

MARTON.

C'eſt vous qui nous avez envoyé cette bande
de Muſiciens en maſques ?

Mr GRICHARDIN.

Ils ſont ici ? j'en ſuis bien aiſe.

LUCILE.

Vous avez quelque deſſein de nous ſurpren-
dre agreablement ſans doute ?

Mr GRICHARDIN.

Oui, ma chere enfant, depuis nôtre mariage
je ſuis plus galant & de meilleure humeur que
je n'ai jamais été, & j'ai imaginé pour vous faire
plaiſir, de vous donner ici ce ſoir une eſpece de
bal, une façon de petite fête. -

LUCILE & ANGELIQUE.

Monſieur ?

Le bal,

mon pere ?

MARTON.

C'eſt pour cela que vous avez envoyé toute
cette ſimphonie ?

Mr GRICHARDIN.

Juſtement. Nous n'avons point fait de nôces en
nous mariant ; ma famille bourgeoiſe en a mur-
muré, & pour la faire taire je me ſuis déter-
miné à leur donner ce ſoir un petit regal, qui,
en les raſſemblant cette ſeule fois, nous acquit-
tera de toutes les autres corvées qu'il eût falu
faire. Qu'en dites-vous, Madame ?

LUCILE.

Je dis que vous faites fort bien : mais qu'eſt-
ce que ce ſera que ce petit regal ?

Mr GRICHARDIN.

Mais ce ſera un bal d'abord, ſi tu veux.

LUCILE.

Un bal, ſoit. Enſuite ?

Mr GRICHARDIN.

Enſuite une maniere de ſouper pour nous autres, pendant qu'on danſera.

MARTON.

Fort bien, une maniere de souper. Enfuite ?...

Mr GRICHARDIN.

Enfuite on fe quittera, & chacun s'ira coucher.

MARTON.

Cela eft à merveilles, chacun s'ira coucher. Enfuite ?

Mr GRICHARDIN.

Mais que diable, enfuite, enfuite, ces fuites-là ne font pas mes affaires, & je ne pretens pas que la fête dure huit jours.

MARTON.

Ma foy, Monfieur, voulez-vous que je vous dife ? vous êtes un homme de bon goût & de bon efprit, & qui avez toûjours aimé à faire les chofes avec éclat.

Mr GRICHARDIN.

Cela eft vrai, au moins, j'ai les manieres nobles.

MARTON.

Hé bien, Monfieur, ce petit regal me paroît bien fuccint, cela ne répond point à la nobleffe de vos manieres, & je voudrois joindre á vôtre façon de bal & à vôtre fouper quelque efpece de divertiffement, de Comedie...

ANGELIQUE.

De Comedie, ma chere Marton !

Mr GRICHARDIN.

Plaît-il ?

MARTON.

Trouvez-vous que je penfe mal, Monfieur ?

Mr GRICHARDIN.

Non, cela n'eft pas mal imaginé : mais quelle Comedie pourrions-nous prendre ?

LUCILE.

Une Tragedie, ou une Piece Comique ; nous n'avons qu'à faire prier Leandre...

M' GRICHARDIN.

Qu'eſt-ce à dire Leandre ! vous voudriez une
Comedie Françoiſe ? fy , fy , fy.

LUCILE.

Pourquoy donc ? & à quel propos vous recriez-
vous contre la Comedie Françoiſe , Monſieur ?

M' GRICHARDIN.

Je me recrie , je me recrie , parce que je n'aime point ces Meſſieurs-là.

ANGELIQUE.

Hé que vous ont-ils fait , mon pere ?

M' GRICHARDIN.

Ce qu'ils m'ont fait ? ce qu'ils font à tout le
monde. Ils veulent être ſeuls à divertir le public,
& il ſemble qu'ils prennent à tâche de l'ennuyer.

MARTON.

Oh pour cela oui , cela eſt bien ridicule.

ANGELIQUE.

Ils ont un privilege qu'ils ſoûtiennent.

M' GRICHARDIN.

Oui , le privilege de ne faire rien qui vaille ,
parce qu'ils ſont ſeuls , de mal joüer les ancien-
nes pieces , & de n'en point donner de nouvelles
qui ne ſoient mauvaiſes. Voila un privilege bien
ſoutenu ! morbleu ſi j'écois le maître de cela
moy & bien d'autres...,

LUCILE.

Que feriez-vous ?

M' GRICHARDIN.

Ce que je fais , Madame , je ne verrois pas
une de leurs pieces , à moins qu'ils ne devinſſent
raiſonnables.

MARTON.

Vous êtes dans le vrai , Monſieur , il faut les
prendre par là pour les rendres ſages.

M' GRICHARDIN.

Que je les corrigerois bien , s'il dépendoit de
moy !

LUCILE.

Épargnez-les un peu , de grace.

Mr GRICHARDIN.

Je ne leur veux point de mal d'ailleurs , & je ne vous empêche pas de voir Leandre , comme vous sçavez; mais pour ne me pas déchaîner contre leur paresse , & le peu d'attention qu'ils ont à meriter l'approbation du public. Oh ! je vous baise les mains.

LUCILE,

Je ne pretens pas vous contraindre , & si Leandre même vous fait peine , je vous promets que je ne le verrai plus.

ANGELIQUE.

Ah ! Marton , que va-t-elle promettre ?

MARTON.

Vous n'en feriez peut-être pas plus mal , Madame ; sçavez-vous jusqu'où va l'impertinence de ce petit étourdi-là ?

Mr GRICHARDIN.

Comment , son impertinence ?

MARTON.

Il est amoureux de vôtre fille.

ANGELIQUE.

Marton…

Mr GRICHARDIN.

De ma fille ! oh parbleu voici qui est plaisant , je la lui garde , il n'a qu'à s'y attendre. Hé qui t'a dit cela ?

MARTON.

Qui me l'a dit ! Il nous a priées , Madame & moy , de vous la demander en mariage.

ANGELIQUE.

Es-tu folle , Marton ?…

MARTON *à part*.

Ne vous inquietez de rien , vous dis-je ?

Mr GRICHARDIN.

En mariage ! il n'y songe pas.

LUCILE.

Pourquoy donc, Monſieur ? quelle repugnance auriez-vous pour cette affaire ? Leandre eſt
un jeune homme de famille, qui a des talens
pour ſa profeſſion.

Mr GRICHARDIN.

Ce n'eſt ni la famille, ni la profeſſion qui me
repugnent ; & une grande marque de cela, c'eſt
que ſi je voyois ces petits Meſſieurs-là faire ce
qu'ils doivent, je ſerois le meilleur de leurs
amis.

MARTON.

Monſieur a raiſon, je ſuis de ſon avis.

LUCILE.

Je l'apreuve fort auſſi : mais il y en a beaucoup qui font ce que Monſieur ſouhaite.

Mr GRICHARDIN.

Il faut qu'ils le faſſent tous, & qu'ils le faſſent de concert encore, ſans cela...

MARTON.

Mais, Monſieur, il me vient une idée; joüons la
Comedie entre nous autres, pour leur faire voir
qu'on ſe peut paſſer d'eux.

Mr GRICHARDIN.

Entre nous autres ? je voudrois donc que ce
fût une petite piece à la maniere Italienne, cela les feroit enrager.

MARTON.

A la maniere Italienne, ſoit.

Mr GRICHARDIN.

Mais comment ferons-nous ?

MARTON.

Que cela ne vous embaraſſe point, je trouverai des Acteurs & des Actrices, decidez ſeu-
lement.

Mr GRICHARDIN.

Mais cela ſera-t-il joli, Marton ?

MARTON.

Oh pour cela je n'en repens pas : mais vous
en jugerez.

Mr GRICHARDIN.

Il y a peu de gens qui s'y connoissent mieux
que moy.

MARTON.

On le sçait bien.

M GRICHARDIN.

J'étois un des meilleurs appuis du Theatre
Italien, je leur ai bien fait gagner de l'argent.

MARTON

C'est sur vous qu'ils firent Monsieur Cusisle.

Mr GRICHARDIN.

Je leur avois donné de bons memoires.

SCENE VI.

NICOLE, Mr GRICHARDIN, LUCILE, ANGELIQUE, MARTON.

NICOLE.

MOnsieur, voici trois carossées de parens
qui vous arrivent en masques.

Mr GRICHARDIN.

Je m'en vais les recevoir, & donner ordre
pour le souper ; toy, Marton, dispose ton petit essai de Comedie.

MARTON.

Cela est tout disposé dans ma tête.

Mr GRICHARDIN.

Il faudra faire un petit Theatre ici dans le
jardin, & avoir bien soin que tout aille comme

il faut, & que cela fasse plaisir à ma femme;
ce n'est que pour elle que je fais tout cela.

MARTON.

J'y donnerai toute mon attention.

SCENE VII.

LEANDRE, LUCILE, ANGELIQUE, MARTON.

MARTON.

LE voila parti, hâtons-nous de prendre quelques mesures dont nous avons besoin. Oh çà, Leandre, on n'est pas trop prevenu pour vous, comme vous voyez.

LEANDRE.

Il n'est pas mal-aisé de s'en appercevoir.

MARTON.

Mon imagination remediera à tout.

LUCILE.

Je ne comprens rien à tes idées.

MARTON.

C'est que vous n'êtes gueres penetrante, & Mademoiselle y comprend quelque chose, je gage.

ANGELIQUE.

Je comprens que vous nous perdez, & que vous entretenez mon pere dans un goût, & dans des sentimens qui nous sont tout à fait contraires.

MARTON.

Et vous, Leandre, ne comprenez vous pas davantage?

LEANDRE.

Que je suis le plus malheureux homme du monde.

MARTON.

Vous ne serez point malheureux, & Monfieur Grichardin sera pris pour dupe.

ANGELIQUE.

Comment, Marton?

MARTON.

Vos mariages feront le denoûëment du petit effai de Comedie.

LUCILE.

Tu prétens...

MARTON.

Rendre heureux Erafte & Leandre, & furprendre avec adreffe le confentement & la fignature de Monfieur Grichardin, que nous n'obtiendrons pas autrement.

LEANDRE.

Voila de grands projets.

MARTON.

L'execution dépendra de vous, & de quelques-uns de vos camarades.

LEANDRE.

Je devine à prefent.

MARTON.

Cela n'eft pas bien difficile, je vais vous faire Comediens Italiens.

LEANDRE.

Mais je ne fçai pas un mot d'Italien moy, quelle apparence?

MARTON.

La grande merveille! allez, allez, pour le rôle que je vous deftine, il ne faut pas grande habileté.

ANGELIQUE.

Hé quel rôle lui deftinez-vous, Marton?

MARTON.

Celui de Pierrot.

LEANDRE.

Pierrot moy!

MARTON.

Vous le jouërez à merveilles.

LUCILE.

Monsieur Pierrot, je suis vôtre servante.

ANGELIQUE.

Il sera bien vilain comme cela, Marton.

MARTON.

Il ne le sera point pour vous. Il faudra que toute la maison jouë dans la piece, & Monsieur Grichardin y jouëra lui-même sans s'en appercevoir. Quel rôle ferez-vous vous, Madame?

LUCILE.

Je ne jouërai point moy : mais je donnerai les mains au dénouëment.

MARTON.

Il sera donc tel que nous le souhaitons. Allez vous habiller, Monsieur Pierrot, amenez Eraste, & cherchez-nous de quoy faire un Arlequin, un Mezetin, un Scaramouche, & quelque personnage de la vieille Comedie, il ne nous en faudra pas davantage.

LEANDRE.

Je fais tout ce que vous voulez, & je reviens en diligence.

SCENE VIII.

LUCILE, MARTON.

LUCILE.

JE rirois bien si cette idée pouvoit réüssir.

MARTON.

Ne suffit-il pas qu'elle est de moy ? ce n'est pourtant pas une bagatelle que ce que j'entre-

prens,

prens, & ce fera peut-être une chofe affez en-
nuyeufement ridicule de traveftir ainfi la Scene
Françoife. Bafte, l'envie de plaire & de fervir
deux jeunes amans, tient lieu de merite ; & Marton n'en fera pas moins Marton, pour avoir
changé de caractere.

SCENE IX.

Mr GRICHARDIN, LUCILE, MARTON.

Mr GRICHARDIN.

JE viens vous dire, Madame, que tous les gens
priez font prefqu'ici. Ne trouveriez-vous pas
à propos, en attendant le fouper, que nous prif-
fions le divertiffement d'un petit air Italien que
chante ma coufine l'Avocate, & d'une Sarabande
qu'une de mes nieces danfe en perfection ? Ce
fera le prelude du bal.

LUCILE.

Comme vous voudrez, Monfieur, n'êtes-vous
pas le maître ?

Mr GRICHARDIN.

Allons donc. Que l'on faffe venir la fimpho-
nie : on nous avertira quand on aura fervi.

PREMIER INTERMEDE.

UNE VENITIENNE.

TEneri cuori
Che vogate
Sul mar degli amori,
Non temete,
Sofpirate.

B

Il vento dei sospiri,
Accende gli ardori,
E dolce il vento
Che conduce al porto.
Teneri cuori.
Che vogate
Sul mar degli amori,
Non temete,
Sospirate.

SARABANDE.

LA VENITIENNE

Monsieur Grichardin,
Exempt de chagrin,
Sans soin, sans envie,
Dans d'heureux loisirs
Vous passez la vie
Parmi les plaisirs.

Dans vôtre famille
Tout charme, tout brille.
A vos moindres vœux
Marton complaisante,
Pour vous plaire invente
Mille nouveaux jeux.

BRANLE.

LA VENITIENNE.
C'est bien fait dans son bel âge,
De songer à son plaisir.

Mr GRICHARDIN.
Vous voyez comme je m'y livre.

LA VENITIENNE.
Malgré les soins du menage,
Vous en avez le loisir.

C'eſt bien fait dans ſon bel âge
De ſonger à ſon plaiſir.

UN PANTALON.

C'eſt nôtre unique heritage,
Heureux qui ſçait en joüir.

Mr GRICHARDIN.

Tout le monde n'a pas cet eſprit-là comme moy.

LE PANTALON.

C'eſt bien fait dans ſon bel âge
De ſonger à ſon plaiſir.

LE PANTALON.

On ſaiſit, quand on eſt ſage,
Tous ceux qui viennent s'offrir.
C'eſt bien fait dans ſon bel âge
De ſonger à ſon plaiſir.

UN LAQUAIS à *M. Grichardin.*

Monſieur, on a ſervi, vous viendrez quand il vous plaira.

Mr GRICHARDIN.

On a ſervi?

Il s'en va en chantant & en danſant.

A table il faut faire rage,
Et long-temps nous y tenir ;
C'eſt bien fait dans ſon bel âge
De ſonger à ſon plaiſir.

Fin du premier Acte, & du premier Intermede.

ACTE II.

SCENE PREMIERE.

E R A S T E, I S A B E L L E
en Espagnolette.

ERASTE.

L n'est point de déguisement pour les yeux d'un amant ; les miens vous ont d'abord reconnuë , charmante Isabelle.

ISABELLE.

J'en crois le cœur encore plus que les yeux , Eraste , & le mien m'a fait sentir des mouvemens qui m'ont appris que vous étiez ici.

ERASTE.

Leandre m'a fait esperer que nous obtiendrions l'aveu de vôtre oncle.

ISABELLE.

Marton m'a promis qu'elle nous aideroit à le surprendre.

ERASTE.

Leandre est amoureux de vôtre aimable cousine.

ISABELLE.

Nous travaillerons pour eux , en travaillant pour nous.

ERASTE.

Ils seront aussi des Acteurs de la Comedie.

ISABEELE.

Marton m'a expliqué tout cela.

ERASTE.

Vous sçavez le rôle que vous y devez faire ?

ISABELLE.

Celui d'une jeune personne que vous aimerez, & qui paroîtra ne vous point aimer. Que je trouve ce personnage - là difficile.

ERASTE.

Je ferai vôtre tuteur, & je ne chercherai qu'à vous contraindre en toutes chofes : cela est bien éloigné de mon caractere ?

ISABELLE.

Qu'importe que les rôles foient gênans, si le dénouëment doit être heureux.

ERASTE.

Auffi l'attendrai-je avec impatience.

ISABELLE.

Ce ne fera qu'une petite piece, Erafte.

ERASTE.

Elle ne laiffera pas de me paroître longue.

ISABELLE.

Je ne la trouverai gueres moins ennuyeuse, l'incertitude, la crainte de ne pas réüffir à tromper mon oncle...

ERASTE.

Peut-on l'entreprendre inutilement ? il eft né dupe ; c'eft un si bon homme que Monfieur Grichardin, qu'il ne feroit pas befoin même pour l'attrapper de toutes les précautions qu'on nous fait prendre.

ISABELLE.

Laiffons-nous conduire par Marton, cela roule fur elle ; elle fçait la portée de fon genie, elle n'en fera ni trop, ni trop peu.

ERASTE.

J'attens le fuccés de fes foins, & tout mon bonheur d'Ifabelle.

SCENE II.

MARTON, ERASTE, ISABELLE.

MARTON.

Vous voila déja Eraste ? la diligence eſt louable. Vôtre couſine ne doit pas être ſi contente de ſon amant que vous du vôtre.

ERASTE.

Ne le blâmez pas, Mademoiſelle Marton, il eſt occupé à perſuader ceux de nos Acteurs dont il a beſoin, ce n'eſt pas une choſe bien facile, & nous ne ſommes pas toûjours tous également diſpoſez à faire plaiſir.

SCENE III.

ANGELIQUE, ISABELLE, ERASTE, MARTON.

ANGELIQUE.

Leandre ne revient point, Marton, & voila Eraſte avec ma couſine.

MARTON.

C'eſt une obſervation que je faiſois.

ANGELIQUE.

A quoy ſonge-t-il donc ? cela commence à m'impatienter : Nous ne pouvons pas joüer une Comedie ſans un peu de concert, & il faut du temps pour ſe concerter.

MARTON.

Vous sçavez déja cette Scene que je vous ai
donnée ?

ANGELIQUE.

Si je la sçai ? j'en apprendrois bien d'autres ;
mais cette Scene-là ne mene à rien : à quoy cela peut-il étre bon ?

MARTON.

A amuser Monsieur vôtre pere , en attendant
que les Acteurs soient prêts , & nôtre piece
concertée.

ANGELIQUE.

Je ne suis point tranquille.

MARTON.

Oh bien , allez vous tranquiliser auprés de
vôtre belle-mere,& empéchez toutes deux Monsieur Grichardin de venir si-tôt nous troubler.

ANGELIQUE,

Que ma cousine vienne donc aussi, pendant que
Leandre n'est point avec moy ; je ne veux point
qu'Eraste soit avec elle.

ISABELLE.

Oh ! pour cela , ma cousine...

ERASTE.

Le retardement de Leandre...,

MARTON.

Elle n'a pas tort , vous êtes associées pour la
même affaire , il ne faut pas que l'une ait plus
d'avantage que l'autre : allez vîte.

ISABELLE.

Quelle violence je me fais !

ERASTE.

Quelle complaisance il faut que j'aye ?

MARTON.

Quelle recompense vous en aurez !

ERASTE,

Que pourrons-nous faire pour la vôtre ?

SCENE IV.

LEANDRE, M' POISSON, M' DE LATHORILIERE, MARTON, ERASTE.

LEANDRE.

VOila, ma chere Marton, de quoy faire un Mezetin, un Scaramouche, un Docteur & un Pierrot.

M' POISSON.

La metamorphose ne sera pas bien difficile pour moy, une barbe de plus, & des bottes de moins, voila l'affaire faite.

MARTON.

Sans le goût bizarre de l'homme à qu nous avons affaire, je vous aimerois bien autant dans vôtre naturel, & de tout temps, n'en deplaise à Monsieur Grichardin, les vrais Crispins ont bien valu les Scaramouches.

M' POISSON.

N'est-il pas vrai? je ne gagne point au change : mais pour rendre service à nos amis....

MARTON.

Ils vous sont bien redevables:mais quelque zele que vous ayez pour eux, sans un Arlequin une Comedie Italienne ne vaudra pas le diable.

LEANDRE.

La nôtre sera donc bien mauvaise ; car c'est un personnage qu'aucun de ces Messieurs ne se veut charger de faire.

MARTON.

Ces Messieurs ont tort ; c'est le rôle le plus

facile qu'il y ait, le masque joüe de lui même ;
il n'y a jamais eu de mauvais Arlequin.

Mr DE LATHORILIERE.

Il n'y en a jamais eu qu'un bon, & l'on en
a vû tant de méchantes copies, que je ne ha-
zarderai pas d'en augmenter le nombre : si vous
voulez vous contenter d'un Mezetin, je suis
vôtre homme, sinon je vous baise les mains.

MARTON.

Hé ! non, non, demeurez ; en quelque habit
que vous soyez, vous êtes toûjours bien : mais
vous avez tort de ne pas prendre l'autre.

Mr DE LATHORILIERE.

Malepeste je n'ai garde. Le public paroît content de mon visage, je ne veux point prendre
de masque.

Mr POISSON.

Si les visages qui ne plaisent pas vouloient se
masquer, nous ne manquerions pas d'Arlequins.

MARTON.

Ils n'en plairoient peut-être pas davantage :
mais puisque vous vous obstinez tous tant que
vous êtes à ne point prendre ce caractere-là,
j'en imagine un pour moy qui en tiendra quelque chose.

Mr POISSON.

Mais à propos d'imaginer, de quoy est-il
question, s'il vous plaît ? faut-il étudier quelque
rôle ? ou joüer de tête ? je ne réüssis jamais si bien
que quand je parle de moy-même : j'ai plus d'esprit que de memoire.

ERASTE.

Tant mieux ; Nous conviendrons entre nous
du sujet, & chacun fera son rôle à sa fantaisie.

Mr POISSON.

Cela pourra bien n'être pas trop bon.

SCENE V.

ISABELLE, ERASTE, M' DE LA THORILIERE, M' POISSON, MARTON.

ISABELLE.

AH ! ma chere Marton, je suis au desespoir, si l'idée que nous avons de surprendre ce soir le consentement & la signature de mon oncle ne réüssit pas, il n'est plus d'Isabelle pour Eraste.

ERASTE.

Comment ! que dites-vous ? qu'avons-nous à craindre ?

ISABELLE.

Je viens d'entendre une vieille cousine, en qui mon oncle a grande confiance, qui lui proposoit de me marier dés demain à un homme d'affaires.

MARTON.

Dés demain à un homme d'affaires ! a-t-il écouté la proposition ?

ISABELLE.

Mon oncle est un bon-homme qui écoute tout.

MARTON.

Qu'a-t-il répondu ? l'avez-vous oüi ?

ISABELLE.

Qu'il falloit voir, qu'il ne connoissoit point ce Monsieur-là, que quand il l'auroit vû...

MARTON.

Il ne le connoît point ?

ISABELLE.

Non apparemment.

MARTON.

Bon, tant mieux ; voila une Scene pour vous, Seigneur Mezetin, cela est de vôtre compétence.

Mᵣ DE LATHORILIERE.

Je vous vois venir, Mademoiselle Marton. Vous voulez que je fasse l'homme d'affaires, pour en dégoûter Monsieur Grichardin. Cela est fâché sur le champ, & n'est point de notre sujet.

MARTON.

Le grand malheur ! cela fera une scene de plus, & cela en ressemblera mieux à une Comedie Italienne.

Mᵣ DE LATHORILIERE.

Je le veux bien, je ne demande pas mieux : mais des habits, où en prendre ?

MARTON.

Monsieur Grichardin vient d'en faire apporter une manne dans ma chambre, pour déguiser toute sa famille, il n'y a qu'à choisir : allez-vous-y-en tous avec Leandre, je vais vous y joindre, & là nous concerterons pour nôtre impromptu de Comedie.

LEANDRE.

Ne perdons point de temps, Monsieur Grichardin pourroit nous trouver ici, & nous reconnoître, moy surtout. Alions au plus vîte changer d'habit, & de caractere.

Mᵣ DE LATHORILIERE à *Marton.*

Vous pouvez lui annoncer l'homme d'affaires, je ne tarderai pas à être habillé.

SCENE VI.

ISABELLE, MARTON.

MARTON.

NE vous inquietez point vous, je vous garantis vôtre mariage avec Erafte, figné avant qu'il foit une heure d'ici, ou il faudra que Monfieur vôtre oncle foit devenu plus défiant, & plus avifé que de coûtume. Où font-ils tous ? que fait Angelique ?

ISABELLE.

Les uns font à table, les autres fe promenent en attendant le Bal, ou la Comedie, mon oncle eft avec la vieille coufine, Angelique avec fa belle-mere effaye une robe de Docteur pour joüer une fcene que vous lui avez fait repeter, dit-elle.

MARTON.

Pour mieux réüffir dans nôtre projet , il faut auffi qu'elle foit de la Troupe.

ISABELLE.

Paix , taifons-nous , voici mon oncle.

SCENE VII.

Mʳ GRICHARDIN, ISABELLE, MARTON.

Mʳ GRICHARDIN.

HE bien , Marton , ton petit effai de Comedie ?

MARTON.

Ne vous attendez pas à voir des Acteurs fort
habiles , au moins ce ne sont pas des Italiens
de la veritable Italie , ce sont de jeunes gens de
mes amis, qui se prêtent au plaisir de vous en
faire , & à moy aussi , & qui par là meritent
qu'on se prête à leur peu d'experience.

Mr GRICHARDIN.

Oh je me prête à tout pour moy : songeons à
nôtre Comedie ; on dit que tu en feras toy, ma
niece ?

ISABELLE.

Oui , mon oncle.

Mr GRICHARDIN.

Et ma fille aussi ?

MARTON.

Assurément , ce sera une des meilleures pieces de nôtre sac.

Mr GRICHARDIN.

Cela est admirable , cette fille-là est comme
moy , elle a du talent pour toutes les choses
d'esprit.

MARTON.

Je m'en vais faire hâter les Acteurs. Qu'est-ce ?

SCENE VIII.

Mr GRICHARDIN , ISABELLE, MARTON, JASMIN.

JASMIN.

ON demande Monsieur, un homme d'affaires.

MARTON.

Un homme d'affaires ! il prend bien son temps pendant qu'on songe à s'occuper de plaisirs, je m'en vais le renvoyer.

Mr GRICHARDIN.

Non, non, qu'il entre, ce sera autant de fait. C'est un parti qu'on m'a proposé pour vous, ma niece : mais je n'ai pas de goût pour les gens d'affaires, je ne tarderai pas à m'en debarasser.

ISABELLE.

Vous me ferez bien plaisir, mon oncle.

SCENE IX.

Mr GRICHARDIN, MEZETIN, ISABELLE, MARTON.

MEZETIN *en Financier.*

JE ne sçai, Monsieur, si une Dame de vos parentes, & de mes amies, ne vous a point prevenu en faveur de ma visite ?

Mr GRICHARDIN.

Oui, Monsieur, on m'a parlé de vous, & voila ma niece Isabelle, pour qui l'on m'a dit que vous aviez quelque dessein, qui se rencontre ici fort à propos.

MEZETIN.

Voila une belle personne. Mais, Monsieur, une affaire serieuse comme celle qui m'amene, interrompt peut-être les plaisirs où vous vous étiez livré pour la soirée ?

Mr GRICHARDIN.

Non, Monsieur, puisque vous voila, vous y prendrez part, & nous pouvons en attendant. . .

MEZETIN.

Je n'ai pas pû remettre la chose à demain, &
nous autres gens d'affaires, nous sommes si ac-
cablez d'affaires... Depuis une goutte consulaire
qui m'a prise, je n'ai de santé que les Fêtes &
les Dimanches, encore ne marchai-je pas trop
sûrement.

Mr GRICHARDIN.

Qu'est - ce que c'est que cette maladie - là ,
Monsieur, une goutte consulaire ?

MEZETIN.

C'est un mal contagieux qui court beaucoup
parmi nous autres , & qui en fait crever quantité même.

Mr GRICHARDIN.

Je n'en avois jamais oüi parler.

MEZETIN.

Vous êtes bien heureux.

ISABELLE.

Mais vraiment, Monsieur , je suis fort surprise
qu'étant malade , & goûteux sur tout , vous
soyez dans le dessein de vous marier !

MEZETIN.

Que cette goutte-là ne vous effarouche point,
Mademoiselle , elle n'interesse point le mariage.
Il est bien vrai pourtant que plusieurs femmes
de nos confreres s'en plaignent , parce que cela
oblige à garder la chambre , & que nos Dames
ordinairement n'aiment pas fort la residence des
maris.

ISABELLE.

Elles ont raison , le beau plaisir de passer toute
une journée avec un malade !

MEZETIN.

Et un malade dont on est la femme , vous avez
raison : mais cette goutte-là ne durera pas , &
nôtre mariage sera le remede à qui j'en devrai
la guerison.

Mr GRICHARDIN.

Mais je n'avois jamais oüi dire que le mariage fût un remede contre la goutte.

MEZETIN.

Il y a goutte & goutte, Monsieur Grichardin, il faut vous expliquer ce que c'est que celle-ci.

Mr GRICHARDIN.

Vous me ferez plaisir : mais ne soyez pas long.

MEZETIN.

Elle se regle selon le cours de la Lune. La Lune regle les saisons, & les saisons composent l'année. Or est-il qu'il nous arrive, par exemple, de faire quelquefois de certains billets payables à certains jours de certaine saison, le temps coule. Nouvelle Lune, tranquilité d'esprit, le terme est éloigné. Premier quartier, inquiétude d'avoir à payer. Pleine Lune, gens en campagne pour trouver de l'argent. Decours, jour de l'échéance, la bourse se trouve en decours comme la Lune. Visite de creanciers, honnêteté de nôtre part, murmure de la leur. Autre visite, autre remise. Impatience, protêt, assignation & les suites. Le chagrin saisit le debiteur, la goutte le prend, & cette diable de goutte ne se guerit que de deux manieres.

ISABELLE.

De deux manieres ?

MEZETIN.

Oüi à force de marcher, & d'aller fort loin, quand elle est violente ; & en se mariant, quand elle est legere.

Mr GRICHARDIN.

En se mariant, quand elle est legere ! & comment cela, s'il vous plaît ?

MEZETIN.

On remedie avec de l'argent : on trouve quelque imbecile de pere, ou d'oncle qui vous donne sa niece avec une bonne dot, dont vous

accommodez vos affaires ; & c'est pour cela,
Monsieur Grichardin, que je suis devenu pas-
sionnement amoureux de vous, & de Mademoiselle Isabelle.

Mr GRICHARDIN.

Nous vous avons tous deux bien de l'obliga-
tion.

MEZETIN.

Quand vous ne lui donneriez d'abord que
deux mille pistoles, c'est plus qu'il ne m'en faut
pour guerir ma goutte ; & je connois un Bonne-
tier de la ruë S. Denis, & un Banquier de la ruë
Quinquempoix, qui avec dix mille francs, qui
n'etoient pas à eux, ont trouvé moyen de se faire chacun cent mille écus, qui ne leur apartien-
nent gueres.

ISABELLE.

Voila un beau secret, mon oncle.

MEZETIN.

Ne vous inquietez pas, Mademoiselle, je ferai vôtre fortune & la mienne, ou j'y perirai.

Mr GRICHARDIN.

Vous ne manquez pas de zele, à ce que je vois ?

MEZETIN.

Ni de sçavoir-faire, & si vous voulez vous
associer avec moy, pour endosser seulement mes
billets.

Mr GRICHARDIN.

Je suis vôtre valet, il faudroit les payer. Premier quartier. Pleine Lune. Decours, nouvelle
goutte... Je vous remercie des bonnes inten-
tions que vous avez pour ma niece, je l'aime
trop pour lui faire épouser un goutteux ; je ne
veux point de gens d'affaires dans ma famille.

MEZETIN.

Assurément ?

Mr GRICHARDIN.

Tres-assurément.

MEZETIN *se deshabille, & paroît en Mezetin.*
Puisque cela est ainsi, il faut donc changer
de personnage, & tâcher de vous plaire sous
une autre figure.

Mr GRICHARDIN.
Comment donc, qu'est-ce que ceci ?

SCENE X.

Mr GRICHARDIN, ISABELLE, MEZETIN, MARTON.

MARTON.

UNe pure scene de Comedie, où vous venez tout naturellement de joüer vôtre rôle.

Mr GRICHARDIN.

Par ma foy, voila qui est plaisant, j'ai fait
cela de moy-même. Oh ! je suis un habile homme.

MARTON.

Vous voyez, tout devient Comedie chez vous
pour vous plaire. Ce seront tous les jours nouvelles scenes : & tenez, tenez voila Madeu oiselle
vôtre fille qui vient faire la sienne ; vous allez
voir de quoy elle est capable.

M GRICHARDIN.

Mais vraiment oui, ma niece, c'est ta cousine.

ISABELLE.

C'est elle-même, mon oncle.

M GRICHARDIN.

Elle est fort jolie comme cela, oui, Marton.

MARTON.

N'est-il pas vrai ? je lui laisse repeter sa Scene
avec Mezetin, & je vais m'habiller pour la petite Comedie.

SCENE XI.

M' GRICHARDIN, ANGELIQUE, MEZETIN.

MEZETIN.

VOila un jeune Docteur que vous voulez bien me permettre de confulter, Monfieur Grichardin, pour fçavoir fi un projet amoureux que nous avons concerté, Mademoifelle Marton & moy, pourra réüffir.

M' GRICHARDIN.

Ce jeune Docteur-là n'eft pas fort habile fur ces matieres, & je crains que vous ne foyez mal adreffé.

MEZETIN.

Il fera plus habile que vous ne croyez.

M' GRICHARDIN.

Hé bien, faites ; voyons un peu comme elle fe tirera d'affaires.

MEZETIN.

Ah! le beau jeune homme, & que la fcience, contre fa coûtume, eft logée dans un joli appartement. Bondi Signor, fiette Doctor.

ANGELIQUE.

Sa fon Dutor? hé vous ne connoiffez donc pas le Dutor Baroche? pouvez-vous rencontrer perfonne qui ne vous parle de mes talens, & de mon fçavoir?

MEZETIN

(*Fait des reverences*)

ANGELIQUE.

Sa fon Dutor? oui, oui je fuis Docteur, & de race de Docteur. N'avez - vous pas oüi

parler en mille endroits du grand Docteur Sca-
thion mon pere ? Mon ayeul étoit le Docteur
Campanasse , toute la terre est pleine de sa re-
putation.

MEZETIN.

Domando pardon à V. S.

ANGELIQUE.

Sa son Dotor ? & que souhaitez-vous du Docteur ? parlez, parlez, expliquez-moy vos dif-
ficultez , si vous en avez. Est-ce de l'art , ou de
la science ? de la pratique , ou de la speculative ?
de la matiere , ou de la forme ?

MEZETIN.

Ce n'est ni de la forme, ni de la matiere , c'est...

ANGELIQUE.

Du concret , ou de l'abstrait ? du simple , ou
de l'absolu ?

MEZETIN.

In cortesia , Signor.

ANGELIQUE.

Sa son Dotor ? que voulez-vous du Docteur ?
de la Poësie ? je suis frere uterin d'Apollon, le
pere des Muses , le compagnon de Virgile &
d'Homere , l'intime ami d'Horace & d'Arioste.

MEZETIN.

My non vol ne Alezzo, ne Arosto.

Mr GRICHARDIN.

Angelique se tire à merveilles de son rôle au
moins.

ANGELIQUE.

Sa son Dotor ? en Musique je suis un Orphée ,
dans la Peinture un Raphaël, dans la Sculpture
un Bernin, dans l'Architecture un Michel-Ange,
& dans la Mathematique un Archimede.

MEZETIN.

In gratiâ , Signor Ganimede.

ANGELIQUE.

Pour l'invention je suis Perille, pour l'instru-

...tion un Ariſtipe, pour l'hiſtoire un Titelive, pour la curioſité je ſuis Zenon, pour le ſecret un Metellus, pour la ſcience un Hiperide, pour le travail un Adrian, pour l'amitié un Oreſte, & pour la force un autre Hercule.

MEZETIN.

Hé! ſei una forca ché tarreſti?

Mr CRICHARDIN.

Il n'y a rien que ce Docteur-là ne ſoit.

ANGELIQUE.

Sa ſon Dutor? eſt-il queſtion de Philoſophie? je ſuis plus ſubtil qu'Ariſtote, & plus univerſel que Platon. Voulez-vous que je vous parle de Phyſique, ou de Morale? de l'être réel, ou de raiſon? je vous ferai voir par toutes ſoites d'argumens & de diſtinctions. Ché in ſta teſta non datur vacuum.

MEZETIN.

La teſta dé tutré le vacché & Bufalé con lé corné nella tua teſta.

ANGELIQUE.

Sa ſon Dutor? avez-vous beſoin de la Medecine? je ſuis le plus grand ami d'Eſculape, j'ai fait plus d'aphoriſmes qu'Hipocrate, j'ai lû quatre ou cinq cens fois Gallien & Avicenne; je défie l'hydropiſie, la paralyſie, la diſſenterie, la pleuréſie, la frenéſie, l'eſquinancie, l'appoplexie, & toutes les maladies qui ſe terminent en ie, d'attaquer un temperamment que j'aurois pris ſous ma protection.

MEZETIN.

El malan ché té colgan'?

Mr GRICHARDIN.

Elle crevera à force d'être habile. Ma fille...

ANGELIQUE.

Sa ſon Dutor? ſuis-je un ignorant à vôtre avis?

MEZETIN.

A mon avis vous êtes un grand parleur.

ANGELIQUE.

Peut-on trop parler quand on parle bien ? j'ai plus d'éloquence que Demosthene , plus de facilité d'expression que Ciceron.

MEZETIN.

Credemmy , Signor , chiachiaron.

ANGELIQUE.

Plus de connoissance que Periandre , plus d'étude que Platon , plus de vertu que Demetrius, plus de droiture que Caton , plus de genie que Themist... , plus de jugement que Tibere, plus de memoire que Mitridate , plus de prudence que Bion.

MEZETIN.

Plus de babil que toutes les femmes.

ANGELIQUE.

Plus d'honneur que Pompée , plus de gloire qu'Alphonse , plus de grandeur d'ame que Fabricius , plus de fermeté que Brutus.

MEZETIN.

Ah Bruto animal !

ANGELIQUE.

Plus de liberalité que Titus , plus de magnificence qu'Auguste , plus de fortune que Cesar , & plus de generosité qu'Alexandre.

MEZETIN.

Ah ! per Dio lascia my parlar.

M. GRICHARDIN.

Il faut pourtant la faire taire , il y a pour en mourir.

ANGELIQUE.

Sa son Dutor ? je sçai faire l'impossible , accorder l'amour & la haine , l'antipathie & la simpathie , le mouvement & le repos , le tort & la raison , le mal & le bien , le chaud & le froid, le verd & le sec , le noir & le blanc , le oui &

le non, le beaucoup & le peu, le tout & le rien,
le vrai & le faux. Eſt-il quelque choſe que je
ne puiſſe faire ?

MEZETIN.

La rareté, la curioſité.

ANGELIQUE.

Sa ſon Dutor ? je ſuis un microcoſme , un
abregé de tout le monde , vif comme un Fran-
çois , grave comme un Eſpagnol , ruſé comme
un Italien , hardi comme un Turc , fier comme un Ecoſſois , gourmand comme un Anglois ,
& yvrogne comme un Allemand.

MEZETIN.

Pour celui-là je m'en apperçois , il Signor
Dottor è embriac , ſur ma parole.

ANGELIQUE.

Sa ſon Dutor ? Docteur és Loix , & plus que
paſſé Docteur. Voulez-vous que je vous expli-
que la Loy ?

MEZETIN *riant.*

Oui , oui , vous n'êtes pas encore aſſez eſſouf-
flé ! jo vorrei che tu crepaſti .

ANGELIQUE.

Ah ! ah , vous en voulez par-là , vous êtes
fort bien adreſſé , que ne parliez - vous d'a-
bord ſans tant de préambules ? il y a une heure que je vous écoute ſans dire une parole :
Quelle patience il faut avoir avec vous... Ah !
c'eſt de la Loy que vous voulez que je vous
entretienne ? Eh bien , je ſuis un Legiſlateur plus
eſtimé que Licurgue , pour gouverner je ſuis
Solon ; pour commander , je ſuis Caſſides ; &
pour le Conſeil , Gratian. Cherchez - vous un
Avocat , ou un Procureur ? avez-vous des Procez actifs , ou paſſifs ? êtes - vous demandeur ,
défendeur , accuſé , ou accuſateur ?

MEZETIN.

Son el boïa , ché ti ſtrangularo.

ANGELIQUE.

Est-ce une cause d'audiance , ou procez par écrit ? est-il civil, ou criminel ? s'il est civil, j'ai commenté nombre de fois Barthole & Balde ; si vôtre affaire est criminelle , j'ai plus écrit sur ces matieres qu'aucun autre Jurisconsulte , que Farinas même.

MEZETIN.

S'il a écrit autant qu'il parle...

ANGELIQUE.

Sa son Dutor : en doutez-vous à present ? oui , Messieurs , je suis Docteur , non solùm in utroque , mais cinquantoque & centupliquoque jure , in omnibus & per omnia Doctor excellens , excellentior & excellentissimus.

MEZETIN.

Essouflatus , essouflatior , essouflatissimus.

Mr GRICHARDIN.

Oh ! pour cela elle doit l'être. Comment appellez-vous la piece que vous nous allez donner ?

MEZETIN.

L'Amour Charlatan.

Mr GRICHARDIN.

Ce titre-là promet : mais dépêchez-vous ; & en attendant que vous soyez préts , je vais faire commencer le bal , & chanter quelque petit air , cela servira d'ouverture pour la Comedie,

OUVERTURE.

II. INTERMEDE.

Marche de toutes sortes de personnages de l'ancienne Comedie Françoise & Italienne.

GROS GUILLAUME *chante.*

Nous étions jadis
L'honneur du Theatre,
Nôtre jeu folàtre
Charmoit tout Paris.
Le bon goût se renouvelle,
On nous rappelle.
Avec un plaisir extréme
Nous revenons en ces lieux;
Si l'on nous y revoit de même,
O combien nous serons heureux.

UNE DAME GIGOGNE *chante.*

Tout passe avec le temps,
C'est la Loy naturelle:
Mais tous les ans
Le doux Printemps
Se renouvelle.
Pourquoy la beauté passe-t-elle,
Sans revenir?
Quel sort heureux que celui d'une belle!
Si comme le Printemps on pouvoit rajeunir.

BRANLE.

MEZETIN *chante.*

Honneur au Bourgeois sensé,

C

De qui la raison rappelle
Le bon goût du temps paßé ;
Prenons-le tous pour modele ,
C'eſt le fameux Grichardin ,
Qui connoît ce qui doit plaire ;
Il aime mieux Trivelin ,
Que tout Corneille & Moliere.
Honneur au Bourgeois ſenſé ,
De qui la raison rappelle
Le bon goût du temps paßé.

LA DAME GIGOGNE *chante.*
N'a t-il pas grande raiſon ?
Les eſprits changent de mode.
Chaque choſe a ſa ſaiſon ,
Et chacun ſuit ſa methode.
Honneur au Bourgeois ſenſé ,
De qui la raiſon rappelle
Le bon goût du temps paßé.

ANGELIQUE en Docteur , *chante.*
Le tragique fait pleurer ;
On craint la fine ſatire ,
Et l'on ſe laiße attirer
Par la farce qui fait rire.
Honneur au Bourgeois ſenſé ,
De qui la raiſon rappelle
Le bon goût du temps paßé.

MEZETIN *chante.*
Suivons donc ce goût du temps ,
Conformons-nous à l'uſage ,
Du public nos ſoins conſtans
Peut-étre auront le ſuffrage.
Honneur au Bourgeois ſenſé ,
De qui la raiſon rappelle
Le bon goût du temps paßé.

Fin du ſecond Acte , & du ſecond Intermede.

L'AMOUR

CHARLATAN,

COMEDIE.

ACTEURS.

JUPITER.

MOMUS.

LE DOCTEUR.

PIERROT, Valet du Docteur.

MERCURE.

MAROTTE, Villageoise.

ROBIN, Joüeur de Flute.

L'AMOUR.

SPINETTE, Servante du Docteur.

PHILINE, Fille du Docteur.

GUILLOTGORJUS.

CLAUDINE.

THIBAUT.

MATHURINE.

LE CHEVALIER.

Troupe de Paysans, & de Paysannes, &
de Symphonistes.

La Scene est dans un Village.

L'AMOUR CHARLATAN,
COMEDIE.

ACTE III.

SCENE PREMIERE.

JUPITER, MOMUS.

JUPITER.

U retrouver ce petit fripon d'Amour, Momus ?

MOMUS.
Seigneur Jupiter !

JUPITER.
Pour moy, je t'avouë que je ne veux plus re-
tourner dans le Ciel ; & je vais songer tres-serieusement à me faire une habitation parmi les
hommes.

MOMUS.
Cela seroit beau que Jupiter desertât ainsi
l'Olympe, & demeurât toûjours sur la terre ;
passe encore d'y venir promener quelquefois de
temps à autre, quand il se rencontre par ha-

zard quelque aimable mortelle qui en vaut la peine, & dont les faveurs peuvent dédommager des frais du voyage.

JUPITER.

Ce n'est plus le temps, mon cher Momus.

MOMUS.

Pourquoy donc ? il me semble qu'il y a plus de jolies personnes ici-bas qu'il n'y en a jamais eû ; ne seroit-ce point là la raison qui vous détermine, & qui vous fait prendre la resolution de vous y établir ?

JUPITER.

Non, mon enfant, je ne suis plus à la mode, j'ai vieilli, tout Dieu que je suis ; les persecutions que la jalousie de Junon a fait souffrir à quelques-unes de mes maîtresses ; le peu de fortune que j'ai faite aux autres, tout cela m'a décrié, vois-tu ; & depuis que cet aveugle de Dieu Plutus a répandu dans l'univers un certain genre d'hommes qu'il favorise, & qui sont devenus les maîtres de toutes les richesses des autres, les femmes n'ont point d'égard au rang & à la dignité, l'éclat seul des tresors les éblouït, & j'aurois toutes les peines du monde, moy qui te parle, à trouver à l'heure qu'il est une petite Grisette de la premiere main.

MOMUS.

Ce Plutus, ne lui en déplaise, est cause d'un grand dérangement.

JUPITER.

Il est cause... Il est cause de tout le désordre où tout l'Olympe est aujourd'hui, & je n'en ai chassé l'Amour, que parce qu'il est entré dans les interêts d'un de ces favoris de Plutus, qui m'a enlevé une jeune Intendante à la barbe de son mari, & à la mienne.

MOMUS.

Vous avez pris la chose trop à cœur, il faloit

châtier l'Amour autrement , vous voyez où
vous en êtes pour l'avoir banni de vôtre Cour ;
toutes les autres Divinitez s'en sont éloignées ,
les Déesses surtout , plus d'amour auprés d'elles,
plus de plaisirs , ni jeux , ni festins , ni fêtes ga-
lantes : le sejour de la felicité est devenu celui
de la tristesse & de l'ennui , & l'Olympe est un
desert à present.

JUPITER.

Je n'y retournerai qu'avec l'Amour : je veux
faire ma paix avec lui , à quelque prix que ce
puisse être.

MOMUS.

C'est le bon parti : mais où l'attrapper ? ne
seroit-il point avec ces favoris de Plutus ? comme ils sont cause de sa disgrace , ils doivent
bien lui donner un aziie.

JUPITER.

Ils l'ont fait d'abord , il a eû dans les com-
mencemens la direction generale de leurs affaires : mais comme il y a parmi eux des gens
grossiers, pour qui l'amour a trop de delicatesse ,
ils l'ont revoqué à la pluralité des voix , & on a
donné son employ à la débauche.

MOMUS.

Et où ce pauvre enfant donnera-t-il de la
tête , s'il est broüillé avec ces Messieurs ?

JUPITER.

J'ai chassé Mercure avec lui , comme tu sçais.

MOMUS.

Oui , je le sçai , hé bien ?

JUPITER.

Hé bien , Mercure & lui se sont jettez dans
la robe.

MOMUS.

Il ne sera donc pas difficile d'avoir de leurs
nouvelles ?

JUPITER.

Sifait vraiment ; Mercure a rendu à une jolie femme d'un vieux Conseiller une lettre d'un jeune Chevalier d'au-de-là de la Garonne, & l'Amour a blessé une vieille Presidente pour le fils du Secretaire de son mari : ils ont mené ces affaires un peu trop vivement, cela a fait du bruit, Themis a pris parti, on les a décretez.

MOMUS.

On aura peine à les trouver.

JUPITER.

Il faut que tu m'aides à cela.

MOMUS.

De tout mon cœur ; il seroit fâcheux que pour des bagatelles, Madame Themis qui soutient ses membres avec chaleur, envoyât Mercure & l'Amour aux Galleres.

JUPITER.

On solliciteroit pour eux ; & en tout cas les Nymphes de Themis sont trop de leurs amies pour les laisser manquer de protection.

MOMUS.

Cette reflexion me tranquilise : mais où croyez-vous les pouvoir trouver ?

JUPITER.

Chez quelque petite Bourgeoise, dans l'arriere-boutique d'un Artisan ; car chez les gens de qualité...

MOMUS.

Se sont-ils fait aussi des affaires avec eux ?

JUPITER.

Non, mais les grands font-ils le moindre accüeil à ceux qu'ils sçavent disgraciez ? Mercure & l'Amour sont broüillez avec moy, tout accés leur est fermé dans les Palais.

MOMUS.

Tant mieux ; car quand l'Amour entre dans

ces endroits-là , il s'y déguife fous tant de formes, que nous ferions bien embaraffez de le
reconnoître , il eft bon de n'avoir point à l'aller
chercher là.

JUPITER.

Retrouvons-le , c'eft la grande affaire.

SCENE II.

LE DOCTEUR , JUPITER, MOMUS.

LE DOCTEUR *à part.*

O Amour , ô Amour , que tu me fais fouf-
frir !

MOMUS *à Jupiter.*

Voici quelqu'un qui parle de lui , & qui pourroit bien nous en dire des nouvelles.

JUPITER *à Momus.*

Qu'eft-ce que c'eft que cet homme-ci ?

MOMUS.

Il a l'air de quelqu'un de ces anciens Philo-
fophes, qui malgré leur fageffe , font tout pro-
pres à donner retraite à un amour perfecuté.

LE DOCTEUR *à part.*

On me croit un fort habile homme : mais
l'amour que j'ai pour Philine me fait bien fen-
tir que je ne fuis qu'un fot.

MOMUS.

Penfez-vous, Seigneur Jupiter, qu'en penfant
ainfi de lui-même , il foit auffi fot qu'il fe l'imagine ?

JUPITER.

Non , car il a de la difpofition à ceffer de
l'être.

LE DOCTEUR *à part*.

Je me suis attaché toute ma vie à étudier la nature, & je n'ai jamais pû la dompter.

MOMUS.

Voila un Philosophe qui se connoît.

LE DOCTEUR *à part*.

Je suis convaincu que pour la bienséance, & pour la santé même, il faut être sobre, & je ne pais me corriger d'être yvrogne, & gourmand.

MOMUS.

Le beau naturel !

JUPITER.

Ce mortel-là a de bonnes parties.

LE DOCTEUR *à part*.

Je suis né sans biens, & j'ai affecté de les mépriser; (faute d'espoir d'en acquérir) la Fortune me rit, je deviens avare, & usurier même.

MOMUS.

Ce compagnon-là tient bien ses comptes, Seigneur Jupiter !

JUPITER.

Il compte fort bien : mais il n'en devient pas meilleur. Holà, ho l'ami ?

MOMUS.

Un petit mot, s'il vous plaît, bon-homme ?

LE DOCTEUR.

L'ami ! bon-homme ! Hé qui êtes-vous donc, s'il vous plaît, vous autres qui parlez si familierement à un homme comme moy ?

JUPITER.

Nous sommes gens sans façons, comme vous voyez.

MOMUS.

Avec qui il ne faut point de ceremonie.

LE DOCTEUR.

Je le crois bien, je ne suis pas de difficile accés, non plus que vous.

JUPITER.

Vous ne vous repentirez peut-être pas de nous
avoir trouvez dans vôtre chemin.

LE DOCTEUR.

Ce n'est donc pas la bourse à qui vous en voulez ?

MOMUS.

A la bourse ! oh pour cela non. Loin de prendre le bien de personne, nous ne cherchons que
l'occasion d'en donner.

LE DOCTEUR.

Vous n'étes donc pas d'ici ? je le vois bien.

JUPITER.

Non : nous sommes fort Etrangers au contraire.

LE DOCTEUR.

J'ai compris cela à vos discours. Comme Etrangers vous cherchez quelque bonne auberge,
quelque connoissance, qui vous donne accés dans
les grandes maisons, & vous facilite les moyens
de voir agreablement les curiositez du pays ?

MOMUS.

Nous ne voyageons pas pour nôtre plaisir.

LE DOCTEUR.

Vous avez des procez peut-être ? écoutez, la
Justice est lente, & vous aurez tout le temps de
vous ennuyer.

JUPITER.

Nous ne sommes pas plaideurs nous.

LE DOCTEUR.

Je suis au fait, vous êtes Marchands ? m'y
voila. Le negoce est vôtre occupation favorite ?
le desordre y regne à present ; les banqueroutes
sont plus à la mode que la probité ; la bonne foy
s'est retirée du commerce, & l'on ne sçait où
elle est allée, il n'y a pas moyen de la retrouver.

MOMUS.

Hé bien ? ce n'est point elle que nous cherchons, Monsieur le Docteur.

LE DOCTEUR.

Non ?

JUPITER.

Non, c'eſt un petit libertin qui s'eſt mis dans
le goût de voyager, & aprés qui nous courons
depuis quelque jours.

LE DOCTEUR.

Ah ! c'eſt autre choſe, & je ſuis ravi que ce
ſoit là le ſujet de vôtre voyage. Hé qui eſt ce
jeune drôle-là, s'il vous plaît ?

MOMUS.

C'eſt l'Amour.

LE DOCTEUR.

L'Amour ! ah, ah, ah l'Amour ! vous courez
aprés l'Amour ? oh par ma foy vous prenez une
peine inutile. A nôtre âge, Meſſieurs, ni vous,
ni moy nous n'attraperons jamais ce petit pen-
dart-là.

JUPITER.

Oh que ſi fait. Vous le connoiſſez apparemment ?

LE DOCTEUR.

Si je le connois ? ils ſont deux freres.

MOMUS.

Bon, deux freres, ils ſont un nombre infini
d'enfans dans cette famille-là.

LE DOCTEUR.

Je n'en connois que deux, l'un qui rend amoureux, l'autre qui rend aimable : ſi c'eſt le premier que vous cherchez, il eſt là, dans mon
cœur, je vous le livre : ſi c'eſt le ſecond, vieux
& pedant comme je ſuis, nous n'avons gueres
de commerce enſemble.

JUPITER.

Si nous le retrouvons, on t'en fera avoir.

LE DOCTEUR.

On m'en fera avoir ?

MOMUS.

Cette promesse te surprend ! je vois bien que
tu ne sçais pas qui nous sommes.

LE DOCTEUR.

Non, je vous l'avouë.

JUPITER.

La plûpart des sçavans ne nous connoissent
gueres.

MOMUS.

Hé bien, mon ami, tiens voila Jupiter, qui
peut tout, qui se méle de tout, qui gouverne
tout, qui est maître de tout ; & je suis Momus moy, qui me moque toûjours de tout.

LE DOCTEUR.

Vôtre métier n'est pas si difficile que le sien.
Jupiter & Momus! mais êtes-vous les veritables ?
car il y a un si grand nombre de Dieux de vôtre
espece, qu'il se trouve biens des fripons parmi
vous autres.

MOMUS.

Comme on nous traite ! voila ce que c'est ,
Seigneur Jupiter, d'avoir trop multiplié les hon-
neurs divins , & d'admettre à vôtre table un tas
de faquins qui ne meriteroient pas de reinser vos
verres.

JUPITER.

Taisez-vous , Momus, vous êtes un Dieu de
caprice , aussi bien que les autres : ne me blâmez
point d'une facilité , sans laquelle vous ne seriez
pas ce que vous êtes.

MOMUS.

Vous avez raison , je me trouve bien de vos
foiblesses , ce n'est pas à moy de les critiquer.

LE DOCTEUR.

Les Dieux sont plus sages que les hommes ; &
tels d'entre nous joüissent de la fortune , qui se
moquent de ceux qui la leur ont faite.

MOMUS.

Et des Dieux même qui ont souffert qu'ils la fissent.

JUPITER.

Tréve à la morale, je vous prie, nous avons pour objet de retrouver l'Amour : Faut-il courir aprés, ou le guetter quelque part ?

MOMUS.

Il faut le guetter, c'est le plus sûr & le moins fatiguant.

JUPITER.

Guettons-le donc : mais où nous mettre ?

LE DOCTEUR.

Voila ma petite maison. Si vous ne la trouvez pas indigne d'heberger des Divinitez, on tâchera de vous y desennuyer. Je suis tuteur & amoureux d'une fort aimable personne, j'ai une servante fort jolie ; pour peu que l'Amour que vous cherchez entende parler d'elles, il viendra chasser sur mes terres, & vous l'attraperez tout en chassant, cela vous convient-il ?

JUPITER.

Si de jolies filles me conviennent ?

MOMUS.

On voit bien que Jupiter ne vous est pas connu.

LE DOCTEUR.

Je les mets sous vôtre protection, elles en ont besoin. Les Dieux d'un certain rang sçavent respecter les droits de l'hospitalité.

MOMUS.

Oui, Monsieur le Docteur, n'ayez point d'inquiétude.

JUPITER.

Nous sommes de fort honnêtes Dieux, nous en userons bien, ne vous en mettez pas en peine.

SCENE III.

LE DOCTEUR *seul.*

[J]'En suis persuadé. Cette rencontre n'est pas mauvaise, & la protection de ces Dieux-là me sera necessaire contre les entreprises de quantité d'amans qui assiegent continuellement Philine & Spinette, & que j'ai peine à écarter.

SCENE IV.

PIERROT, LE DOCTEUR.

PIERROT *à part.*

CA n'est pas naturel, la porte est fermée, voila la clef; ils étoient dehors, & ils sont dedans; ça ne se peut pas, & si pourtant ça est; car je l'ai vû.

LE DOCTEUR.

Te voila, Pierrot? il vient d'entrer deux Messieurs chez moy.

PIERROT.

Ca est vrai, Monsieur? mais ça ne se peut pas.

LE DOCTEUR.

Comment, cela ne se peut pas? ils y sont, te dis-je, & je te recommande bien...

PIERROT.

Oui, je les ai vûs, je leur ai parlé: mais ça est impossible.

LE DOCTEUR.

Ah, ah! voici qui est plaisant.

PIERROT.

Raisonnons un peu là-dessus, Monsieur le Docteur ; car vous sçavez raisonner ; & j'aime à raisonner moy avec un homme qui raisonne.

LE DOCTEUR.

Et moy je suis bien las de tes raisonnemens.

PIERROT.

C'est que j'ai plus d'esprit que vous, vela ce qui vous fâche. Revenons à la conclusion: croyez-vous aux sorciers, Monsieur le Docteur ?

LE DOCTEUR.

Si je crois aux sorciers ? non vraiment.

PIERROT.

Vous êtes un impie, il y en a pourtant, & vous en avez une paire chez vous, je vous en avertis.

LE DOCTEUR.

Ah, ah, ah, ah, le pauvre garçon ! & qui te fait croire cela, dis Pierrot ?

PIERROT.

Ce que je viens de voir.

LE DOCTEUR.

Hé qu'as-tu vû ?

PIERROT.

Ce que j'ai vû ? il y a du sortilege là-dedans, croyez-moy, je ne suis pas une bête. Vous connoissez bien cette clef-là ?

LE DOCTEUR.

Oui, c'est celle de l'appartement de ces Demoiselles.

PIERROT.

Oh bien, c'est un meuble inutile, la clef, la serrure, ça ne sert plus de rien, il n'y a rien de fermé pour ces gens-là.

LE DOCTEUR.

Quel conte me viens-tu faire ?

PIERROT.

Ce n'est point un conte, c'est la verité. Tenez,

Monsieur le Docteur, ces deux drôles-là sont
venus tout de prime abord à la chambre des
filles, sans demander où est-ce ? voyez quel bon
nez il faut avoir pour ça.

LE DOCTEUR.

Et tu crois qu'il y a là-dedans du sortilege ?

PIERROT.

Non, non dans cet article-là , il pourroit bien
n'y avoir que de la nature : mais dans l'autre...

LE DOCTEUR.

Hé bien dans l'autre ?

PIERROT.

Cette porte, Monsieur le Docteur, cette porte ?

LE DOCTEUR.

Acheveras-tu ? cette porte...

PIERROT.

Elle étoit fermée ; ils m'ont dit de l'ouvrir,
je n'en voulois rien faire ; je leur tenois tête,
quand voila tout d'un coup....la peste m'étouffe
si j'y comprens rien... qu'est-ce que vous dites
de ça , Monsieur le Docteur.

LE DOCTEUR.

Que veux-tu que je dise ? & de quoy...

PIERROT.

De ce que je viens de vous expliquer.

LE DOCTEUR.

Tu ne m'as rien expliqué , bourreau.

PIERROT.

Je m'en vais vous le dire, c'est la même chose...que vous en semble ?

LE DOCTEUR.

Parleras-tu, maraut ?

PIERROT.

Je parle aussi, Monsieur ; & pour le faire court,
je vous dirai que je les voyois , que je leur par-
lois , & puis tout d'un coup je ne les ai plus vus ;
la porte s'est ouverte d'elle-même, crac, les vela
dedans. Dame quand j'ai vu ça , je ne l'ai point

refermée, ça étoit inutile.

LE DOCTEUR.

Ha, ha, ha, ha, ha.

PIERROT.

Ha, ha, ha, ha, ça est drôle, n'est-ce pas? Qu'est-ce que c'est que vôtre Philosophie pense de ça, Monsieur le Docteur?

LE DOCTEUR.

Ma Philosophie pense que tu es un sot, mon pauvre garçon.

PIERROT.

Hé bien je pense aussi comme ça de vous, moy, & si je ne suis pas Philosophe.

LE DOCTEUR.

Ce sont des Dieux qui sont chez moy.

PIERROT.

Ce sont des Dieux? ce seroit bien le diable.

LE DOCTEUR.

Jupiter & Momus.

PIERROT.

Jupiter & Momus! je ne connois point ces gens-là : mais je gagerois bien que ce sont des débaucheurs de filles.

LE DOCTEUR.

Paix, tais-toy, coquin, & prends bien garde à ne leur pas manquer de respect.

PIERROT.

Je leur lairrai faire tout ce qu'ils voudront, je ne veux point me broüiller avec personne pour l'amour des filles.

LE DOCTEUR.

Ce ne sont pas tes affaires, ce sont les miennes.

PIERROT.

Je le veux bien, je vous rends le gouvernement que vous m'aviez baillé sur elles.

LE DOCTEUR *en s'en allant.*

Oui je le reprens, que rien ne t'embarrasse.

PIERROT *seul.*

Ca eſt bien aiſé à dire, que rien ne t'embaraſſe.
Je ſuis pour le moins auſſi amoureux de la ſer-
vante, qu'il l'eſt de la maîtreſſe, lui. Ces deux
ſorciers-là me porteront guignon... Mais qu'eſt-
ce que j'entens là? voila une jolie Muſique. Vous
verrez que c'eſt ce nouviau venu qui a mis route
la jeuneſſe du village en humeur de chanter.
Ecoutons un peu, j'aime la Muſique moy, j'aime la Muſique.

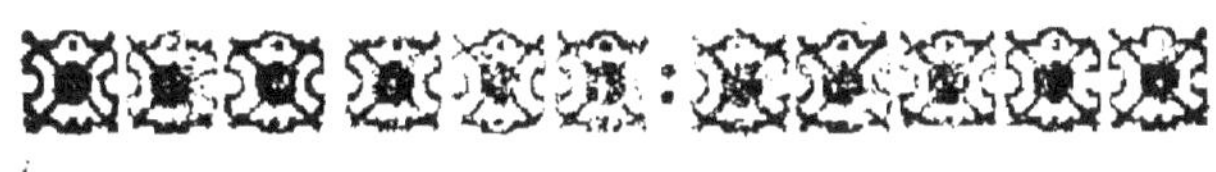

SCENE V.

MERCURE, MAROTTE, ROBIN
Joüeur de Flute, & un Symphoniſte.

MERCURE *en Mezetin.*

P Lus tendrement ſi vous le pouvez, Robin,
cette petite Ritournelle; prenez bien le ton,
vous Marotte, & rechantez ce petit air que je
vous ai montré ce matin.

MAROTTE *chante.*

Dans cette aimable retraite,
Chacun au gré de ſes vœux
Obtient tout ce qu'il ſouhaite,
Et plus on eſt amoureux,
Plus on y devient heureux.

De ce lieu tranquile
Si le Dieu d'Amour
Faiſoit ſon azile,
O l'heureux ſejour,
O l'heureux ſejour.

MERCURE.

Fort bien, repetons ensemble cette fin, & que
Robin adoucisse un peu davantage, afin de ne
pas trop couvrir la voix.

MAROTTE *chante.*
De ce lieu tranquile
Si le Dieu d'Amour
Faisoit son azile ,
O l'heureux sejour ,
O l'heureux sejour.

PIERROT *à part.*
Cette Marotte entend bien ça : & ce drôle
en fera une bonne écoliere.
MERCURE *à Marotte.*
Cela est fort bien, attachez-vous à ces petits
passages que je vous ai marquez, & amenez-
moy tantôt ici toutes les filles du village.
PIERROT *à part.*
Ce drôle-là veut choisir, il n'y a qu'à le
laisser faire.

SCENE VI.

MERCURE, PIERROT.

MERCURE *à part.*
C'Est un adoucissement à ses disgraces, de
sçavoir se faire un amusement... mais
voici un Rustre qui m'observe. Je suis broüillé
avec les Dieux & avec les hommes , tout m'est
suspect. Que fais-tu là ?
PIERROT.
Rien, Monsieur , j'écoutois vos petites drô-

deleries , ça eſt joli , oui : que vous entendez bien
ça !

MERCURE.

Es - tu de ce village ?

PIERROT.

Si j'en ſuis ? On voit bien que vous n'en êtes
pas vous , de ne point connoître Pierrot , le fa-
ctotum de Monſieur le Docteur.

MERCURE.

Tu es le valet du Docteur ?

PIERROT.

Oh parlez mieux , je ſuis ſon homme d'affaires , je fais tout chez lui , hors la garde des
filles , que je viens de lui remettre.

MERCURE.

Il y en a deux jolies , à ce que j'ai oui dire ?

PIERROT.

Oh pour ça oui elles le ſont. Vous avez déja
à part
flairé ça… quel éveillé !

MERCURE.

Je ne ferois pas fâché de les connoître , & de
leur montrer la muſique.

PIERROT.

Il n'y a rien qui ne ſe puiſſe faire , je vous
ménagerai ça : mais vous me montrerez auſſi la
Muſique à moy , pardeſſus le marché.

MERCURE.

Te montrer la Muſique ! as-tu de la voix ?

PIERROT.

Comme un tonnerre.

MERCURE.

Voyons un peu , la , la , la , prens ce ton-là,
la , la , la.

PIERROT ridiculement.

La , la , la , la.

MERCURE.

Ce n'eſt pas cela , la , la , la , la,

PIERROT *ridiculement.*

La , la , la , la.

MERCURE.

Peſte de l'animal , tu crois avoir de la voix ?

PIERROT.

Si je le crois ? je crie comme un enragé quand
je m'y mets.

MERCURE.

Hé bien , mon enfant , crie toûjours , & ne chante jamais.

PIERROT.

Ca eſt bian triſte. Apprenez-moy donc à joüer
de quelque inſtrument , pour faire danſer les
filles ſous l'Orme , du violon , de la flûte , ou
de la vielle , il n'importe pas.

MERCURE.

Volontiers , as-tu des talens ?

PIERROT.

Si j'en ai ?

MERCURE.

La main bien étenduë ? les doigs longs ?

PIERROT.

Oh ! vraiment oui , il y en a trois à cette
main-là dont je ne puis me ſervir.

MERCURE.

Hé ! comment feras-tu donc ?

PIERROT.

Comment ? il ne manque à celle-là que le
petit doigt , & le pouce , voila ces trois-là rem-
placez ; j'ai la valeur d'une main à moy tout
ſeul , n'eſt-ce pas aſſez ?

MERCURE.

Cet impertinent-là m'impatiente , ôte-toy
de là , maroufle.

PIERROT.

Oui , c'eſt comme cela que vous le prenez ,
voyez un peu qu'il eſt difficile ! nous avons pourtant un Menétrier dans le village , qui a eu la

jambe caſſée, & qui jouë de la baſſe : vous ne
montrerez pas à nos jeunes filles.

MERCURE.

Belles diſpoſitions pour la Muſique !

SCENE VII.

MARTON en Amour, MERCURE.

MARTON en Amour *à part*.

HOïmé, je ſuis perdu, c'eſt à moy qu'on
en veut, ils m'auront reconnu ?

MERCURE *à part*.

Voila un eſpion, c'eſt moy qu'on cherche, où
me cacher ?

Ils ont peur l'un de l'autre , ils courent pour s'é-
viter , & s'imaginent courir l'un aprés l'autre ; ils
ſe heurtent , tombent & ſe trouvent tous deux à
genoux.

L'AMOUR.

Ne me perdez pas , mon cher Monſieur, je vous
en conjure.

MERCURE.

Grace , grace, Monſieur , ne me livrez point à
la Juſtice.

L'AMOUR.

Helas , Monſieur , je ſuis broüillé avec elle.

MERCURE.

Je le ſuis auſſi , je vous en offre autant.

L'AMOUR.

Amicitia inter pares .. Nous n'avons rien à craindre l'un de l'autre.

MERCURE.

C'eſt une choſe inquiétante qu'un decret ſur
le corps.

L'AMOUR.

J'y en ai la valeur de trois, moy qui vous parle:

MERCURE.

Je n'y en ai gueres moins, moy qui vous écoute.

L'AMOUR

Je m'étois lié d'amitié avec un adroit fripon, qui m'a donné de mauvais conseils...

MERCURE.

Je m'étois engagé de societé avec un petit étourdi qui a fait des siennes dans une maison où nous étions ensemble.

L'AMOUR *à part.*

Un petit étourdi qui a fait des siennes ? c'est de moy qu'on parle !

MERCURE *à part.*

Un adroit fripon qui a donné de mauvais conseils ? cela me regarde.

L'AMOUR.

N'êtes-vous point par avanture...

MERCURE.

Ne seriez-vous point par hazard...

L'AMOUR.

Mer....

MERCURE.

L'A....

L'AMOUR.

Cure.

MERCURE.

Mour.

L'AMOUR.

Mercure.

MERCURE.

L'Amour.

L'AMOUR.

Tout va le mieux du monde, mon cher Mercure, il faut que nous soyons étrangement déguisez, puisque tout Dieux que nous sommes, nous avons eû peine à nous reconnoître.

MER-

MERCURE.

Bannis du Ciel comme nous le sommes, nous
ne voyons pas plus clair que d'autres : mais enfin la peur nous avoit fait feparer pour nous
mieux cacher. Le hazard nous rejoint, ne nous
quittons plus.

L'AMOUR.

Je le veux bien : mais qu'allons-nous faire ?
privez du nectar, & de l'ambrofie par le caprice de Jupiter, nous devenus fujets à toutes les
infirmitez des hommes, la faim, la foif, *item*,
il faut vivre, Mercure, & vivre graffement, comme tu fçais, je fuis accoûtumé à la bonne chere.

MERCURE.

Et moy auffi : mais ne t'inquiete point, nous
avons de l'efprit & des talens, il faut les effayer
ici dans quelque village, & felon le fuccés que
nous aurons, nous nous approcherons des grandes Villes. En pareil cas que nous, Neptune fe
fit maçon, & Apollon berger ; il y a tant de mé-
tiers pour fubfifter : j'ai deja commencé à travailler ici d'un des miens, je montre la Mufi-
que.

L'AMOUR.

Hé ! que montrerai-je moy, à faire l'amour ?

MERCURE.

C'eft un fcience naturelle, cela ne s'apprend
point, on n'a que faire de maître.

L'AMOUR.

Mais je pourrois enfeigner du moins à le faire avec art, avec delicateffe.

MERCURE.

Tu n'aurois pas un écolier, cela n'eft plus
d'ufage.

L'AMOUR.

Que faire donc ?

MERCURE.

Fais-toy Charlatan ; tu as de grandes difpofitions pour cela , nous vendrons du Baume blanc , des Philtres, des Effences, des Pommades, tu feras des tours de paffe-paffe. Tiens , mon ami , je ne fçache point de métier qui te convienne mieux que celui-là.

L'AMOUR.

Cela eft vrai , je goûte affez la propofition : mais il faut trouver moyen de faire une troupe d'Operateur.

MERCURE.

Cela ne fera pas bien difficile; moy comme Muficien, toy comme bel efprit, nous ferons de toutes les jolies parties de plaifir, nous y brillerons, nous ferons bonne chere , & bourfe commune.

L'AMOUR.

Il n'y a rien de mieux imaginé.

MERCURE.

N'eft-il pas vrai ? il y a ici de l'ouvrage, quoique ce ne foit qu'un village.

L'AMOUR.

Malepefte le joli village ! j'ai vû que c'étoit avant ma difgrace , le rendez-vous de mes meilleures pratiques ; il s'eft fait ici de bons tours fous mes aufpices.

MERCURE.

Et fous les miens auffi : mais il s'y en fera encore. Vois-tu cette petite maifon ?

L'AMOUR.

Je la connois, c'eft le logis d'un Docteur qui a , dit-on , une fille fort belle , & une fervante tout à fait jolie.

MERCURE.

On m'en a dit autant, on fera là-dedans de bonne befogne ; faifons nôtre effai dans cette famille-là.

L'AMOUR.

Commençons d'abord par faire connoiffance , frape.

SCENE VIII.

SPINETTE, L'AMOUR, MERCURE.

SPINETTE.

DEmandez-vous quelqu'un dans ce logis,
Monfieur ?

MERCURE.

Je vous aurois demandée, fi quelqu'autre s'é-
toit prefentée : mais je vousvois, ma belle enfant, que me refte-t-il à fouhaitter ?

SPINETTE.

Ce n'eft pourtant pas moy, Monfieur, qui
fais l'ornement du logis ; Mademoifelle Philine
qui eft ma maîtreffe a des attraits. . .

L'AMOUR.

Ils font divins, s'ils égalent les vôtres, & je
ne conçois pas pour moy, que perfonne dans le
monde puiffe difputer avec vous, ni de l'agre-
ment, ni de la beauté.

SPINETTE.

Je ne difpute point de ces chofes-là, Monfieur, & je fuis toûjours préte à ceder.

L'AMOUR.

Cette modeftie augmente vos charmes.

SPINETTE.

Oh ! vous m'en trouverez bien moins, Monfieur, quand vous aurez vû ceux de ma maîtreffe : la voici.

L'AMOUR.

Qu'elle eft charmante ! le joli couple !

MERCURE.

Par ma foy oui, & fi tu m'en veux croïre,
nous travaillerons d'abord pour nous-mêmes.

D ij

L'AMOUR.

Oui, mais il faut vivre.

MERCURE.

Est-il rien de plus necessaire à la vie que le plaisir ?

SCENE IX.

PHILINE, SPINETTE, L'AMOUR, MERCURE.

PHILINE.

A Quoy t'amuses-tu donc, Spinette ? il y a je ne sçai combien de temps que je t'appelle.

SPINETTE.

Hé, approchez, approchez, Mademoiselle, vous verrez à quoy je m'amuse, & vous ne serez peut-être pas fâchée de vous amuser de même.

PHILINE.

Ah ! malheureuse, tu parles à des hommes ?

SPINETTE.

Ma'heureuse, dites-vous ? on le seroit bien davantage de ne leur parler pas.

PHILINE.

Et si mon tuteur nous surprenoit ?

SPINETTE.

Il n'y a donc que la crainte qui vous retient ?

PHILINE.

Avec des étrangers encore ? deux inconnus, Spinette ?

SPINETTE.

Ils ne demandent pas mieux que de faire connoissance.

L'AMOUR.

Hé ! qui ne s'eſtimeroit heureux de vous approcher ? peut-on trop payer le bonheur de vous entretenir un moment ?

PHILINE.

Je m'en ferois peut-être un de vous écouter, Monſieur, & l'on m'en feroit un crime ; rentrons, Spinette.

SPINETTE.

Vôtre tuteur eſt ſorti avec ces deux Meſſieurs, par la petite porte.

PHILINE.

Il eſt ſorti, Spinette ?

SPINETTE.

Oui, vous dis-je.

MERCURE.

Nous avons pris un heureux moment.

PHILINE.

Oh pour cela oui, car s'il y étoit nous n'oſerions pas demeurer un inſtant avec vous.

L'AMOUR.

Nous ne ſommes pas ſi fort à craindre.

PHILINE.

Tout lui fait peur, tout lui fait ombrage.

SPINETTE.

Un rien l'allarme, il dit qu'il nous connoît, que nous ſommes foibles.

MERCURE.

Il eſt des foibleſſes permiſes.

SPINETTE.

Il n'y en a point qu'il ne nous défende.

PHILINE.

La contrainte où il nous tient l'une & l'autre eſt une choſe épouvantable.

SPINETTE.

Auſſi quand nous attrappons un moment de liberté...

L'AMOUR.

Vous vous en fervez bien fans doute ?

SPINETTE.

Nous caufons plus en un quart-d'heure que
nous ne ferions en tout un jour, fi nous étions
un peu moins gênées.

MERCURE.

Hé vous en tenez-vous toûjours à la converfation ?

PHILINE.

Oh pour cela oui, & aucun amant ne nous a
demandé jamais que le bonheur de nous entretenir.

L'AMOUR.

Voila des amans trop modeftes.

SPINETTE.

Nous n'en voulons point écouter d'autres.

L'AMOUR.

Quoy fi je brûlois d'amour pour vous ?

PHILINE.

Si vous brûliez d'amour pour moy, vous me
feriez plaifir de me le dire.

MERCURE,

Et fi ma plus forte paffion étoit de vous époufer vous, Spinette ?

SPINETTE.

De m'époufer ! j'en ferois ravie.

L'AMOUR.

Nous ne fouhaittons rien plus ardemment
l'un & l'autre.

PHILINE.

Serieufement ?

SPINETTE.

Quoi tout de bon ?

MERCURE.

Ils leur baifent la main,

Oui, la pefte m'étouffe.

PHILINE.

Ceci va plus loin que la converfation au moins, Spinette.

SPINETTE.

C'eft qu'elle commence à s'animer ; le tuteur a raifon, nous fommes foibles.

PHILINE.

Il va revenir peut-être , rentrons au logis.

SPINETTE.

Oui il faut rentrer , vous avez raifon : mais nous pouvons prendre des mefures pour nous revoir.

L'AMOUR.

Des mefures pour nous revoir ? nous n'avons qu'à ne nous point quitter.

PHILINE.

· A ne nous point quitter , Spinette !

SPINETTE.

C'eft un moyen für pour n'avoir pas de peine à fe retrouver.

MERCURE.

Il n'y a pas de meilleur fecret.

SPINETTE.

Cela eft vrai , Madame , enfermons-les dans la biblioteque , Monfieur le Docteur n'y vient jamais , nous avons du ratafiat , du chocolat , des confitures.

L'AMOUR.

Voila de bonnes provifions.

SPINETTE.

Nous aurons tout le temps d'y caufer enfem-ble , & de nous arranger pour nos mariages.

SCENE X.

PIERROT, L'AMOUR, MERCURE, PHILINE, SPINETTE.

PIERROT.

Fort bien, fort bien, Mesdemoiselles, vous vous arrangez pour des mariages, & comment arrangez-vous ça, s'il vous plaît. . . Et c'est ce Monsieur le Musicien qui ne me veut rien montrer, le vela bien adressé, il aura biau jeu.

L'AMOUR.

Qu'est-ce que ce manant-là ?

MERCURE.

Le valet du Docteur, un coquin qui se fera donner cent coups d'étrivieres.

PIERROT.

Cent coups d'étrivieres? oh pour ça non, je ne me les ferai pas donner, car je m'en retourne; & patience, patience, vela Monsieur le Docteur qui revient, il est déja au bout de la petite Sauffaye.

PHILINE.

Mon tuteur revient ! retournons au logis.

L'AMOUR.

Charmante personne...

PHILINE.

Ne me suivez point, vous me feriez des affaires.

MERCURE.

Aimable Spinette.

SPINETTE.

Allez m'attendre à la petite porte, nous pren-

drons nôtre temps pour vous faire entrer , laif-
fez-moy faire.

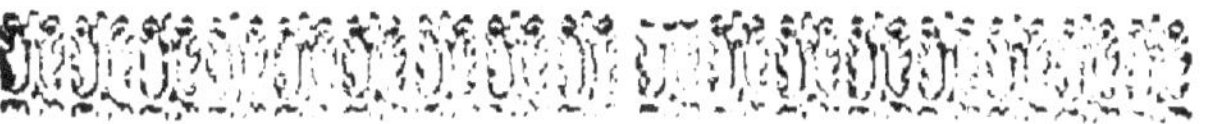

SCENE XI.

L'AMOUR, MERCURE.

L'AMOUR.

CE debut n'eſt pas mal , & nos affaires ſont
en bon chemin.

MERCURE.

La grande merveille ! qui pourroit reſiſter à
l'Amour ?

L'AMOUR.

Il me ſemble que tu ne trouves gueres plus
de reſiſtance ?

MERCURE.

Il ſeroit beau que le confident ne ſe ſentît pas
des talens du maître.

SCENE XII.

PIERROT, L'AMOUR, MERCURE.

PIERROT à part.

VOila nos filles rentrées. Ces Demoiſelles-
là ont à elles deux plus d'amans qu'elles
n'en ſçauroient faire.

MERCURE.

Voici ce marouſle de Pierrot qui revient pour
nous obſerver. Hé bien , mon garçon , te voila

bien plus content d'avoir fait rentrer ces aimables personnes dans le logis?

PIERROT.

J'en suis plus content, parce que j'en suis
plus sûr.

L'AMOUR.

Hé de quoy t'embarasses-tu?

PIERROT.

De quoy je m'embarasse?

MERCURE.

Tu fais comme si tu étois amoureux de quelqu'une d'elles.

PIERROT.

Je fais comme je dois faire, & je le suis aussi,
puis qu'il faut vous le dire.

L'AMOUR.

Ah tu es amoureux, je ne m'étonne plus de
ta vigilance.

PIERROT.

Vous voyez bien que je n'ai pas tort.

MERCURE.

Non assurément.

PIERROT.

J'aime Spinette moy, qui est la servante, &
mon maître Monsieur le Docteur est amoureux
lui de Mademoiselle Philine, qui est la maîtresse,
c'est une petite partie quarrée que nous avons
faite.

L'AMOUR.

Et ces Demoiselles répondent-elles à vôtre
amour?

PIERROT.

Oui elles répondent quand on leur parle.

MERCURE.

Ce n'est point là ce qu'on te demande, vous
aiment-elles?

PIERROT.

Pas trop: mais cela viendra; on les tient de

court, voyez-vous, & on les refuse à tout le monde; elles ont la rage d'être mariées, un chien enragé mord par tout, comme vous sçavez.

L'AMOUR.

Et que donnerois-tu à qui te feroit aimer de Spinette?

PIERROT.

Je lui rendrois, s'il en avoit besoin, le même service auprés de Mademoiselle Philine.

L'AMOUR.

Hé bien donne-nous seulement accés dans le logis, & nous te livrons ta maîtresse.

PIERROT.

Que je vous donne accés dans le logis? vous m'avez bien la mine de l'avoir déja.

MERCURE.

Non pas encore : mais on nous attend à la petite porte.

PIERROT.

On vous attend à la petite porte?

L'AMOUR.

Oui, mon cher Pierrot.

PIERROT.

Puisque cela est comme ça, Messieurs, entrez par la grande, ce n'est pas la peine que vous fassiez le tour.

MERCURE.

Cela est fort honnête, Monsieur Pierrot.

SCENE XIII.

PIERROT seul.

QU'est-ce que je hazarde ? ce que je ne pouvois empêcher. On les attend à la petite porte; & puis mon maître a fait entrer deux Dieux chez lui : moi qui ne suis que le valet,

j'y fais entrer deux hommes, nous voila à deux
de jeu : ça est dans les regles. Le voici qui vient
de ce côté, il s'est accosté de Marotte : rentrons
fans lui parler, & le laiffons jafer avec elle.

SCENE XIV.

LE DOCTEUR, MAROTTE.

MAROTTE.

CA eft comme je vous le dis, Monfieur,
ce Monfieur le Muficien qui eft ici m'a
dit de raffembler toute la jeuneffe, pour une
petite fête qu'il veut nous donner, & comme
les Demoifelles de chez vous font les plus aimables du village, on ne me pardonneroit pas de ne
vous pas prier de trouver bon qu'elles en fuf-
fent.

LE DOCTEUR.

Vous leur faites plaifir & honneur, belle Marotte, elles en feront, & moy auffi, je vous le
promets.

MAROTTE.

Pour vous, Monfieur, ça n'eft pas neceffaire,
il m'a dit de n'amener que de la jeuneffe.

LE DOCTEUR.

Cela ne fait rien, je ne ferai point de trop, &
je ne gâterai rien à la fête.

MAROTTE.

Comme il vous plaira, vous êtes le maître, &
je m'en vais chercher tout mon monde.

SCENE XV.

LE DOCTEUR *seul.*

JE ne garderai pas long-temps chez moy Jupiter & Momus, on vient de les avertir que l'Amour est caché quelque part ici dans le village, ils ne tarderont pas à le retrouver.

SCENE XVI.

PIERROT, LE DOCTEUR.

PIERROT.

OH! pour ce coup, Monsieur, nous avons fait tous deux de belle besogne.

LE DOCTEUR.

Comment donc ?

PIERROT.

Il étoit bien necessaire de loger des Dieux dans vôtre maison

LE DOCTEUR.

Qu'est-ce qu'il y a de nouveau?

PIERROT.

Comme cette graine-là foisonne ! ils n'étoient que deux d'abord, & ils sont quatre à l'heure que je vous parle.

LE DOCTEUR.

Qu'est-ce à dire, quatre?

PIERROT.

Oui, les deux premiers venus, que vous aviez fait entrer vous, en ont trouvé deux que j'avois fottement auffi fait entrer moy ; ces Demoifelles les faifoient cacher dans la biblioteque. Oh, allez, allez, vôtre maifon va devenir une auberge de confequence.

LE DOCTEUR.

Tu ne fçais ce que tu dis, tu extravagues.

PIERROT.

Non, point du tout, c'eft la verité : ils font un vacarme ; il y a un petit mutin qu'ils aplent l'Amour, qui fait lui feul plus de bruit que les trois autres, ils veulent l'emmener pour le mettre en correction quelque part à leur faint Lazare.

LE DOCTEUR.

L'Amour à faint Lazare ?

PIERROT.

A faint Lazare, ou autre part, qu'importe ? ce que je fçai bien, c'eft qu'il ne veut pas marcher lui : & tenez, tenez, les voila tous quatre avec ces Demoifelles, ils ne difputent plus tant, c'eft qu'ils font d'accord.

SCENE XVII.

JUPITER, MERCURE, L'AMOUR, MOMUS, LE DOCTEUR, PHILINE, SPINETTE, PIERROT, Mr GRICHARDIN, LUCILE.

JUPITER.

ALlons, depêchons, petit drôle, je veux bien vous pardonner : mais reprenez le Carquois & les fleches, & ne vous le faites pas redire

deux fois : voila Mercure qui est raisonnable ,
& qui a repris son Caducée.

L'AMOUR.

Mercure fait comme il l'entend , il ne vous est
pas si necessaire que moy, je sçai ce que je vaux,
& vous ne venez me rechercher , que parce que
vous ne sçauriez vous passer de moy.

MOMUS.

Doucement , doucement , petit garçon , soyez
sage.

L'AMOUR.

Je n'en ferai qu'à ma tête.

JUPITER.

Petit insolent ! je vous donnerai le foüet.

MOMUS.

Devant tout le monde ?

PIERROT.

Je voudrois bien voir ça.

MERCURE.

Nous avons tort, mon enfant , Jupiter nous
pardonne,il est le maître , raccommodons-nous
de bonne grace , retournons au plus vite ha-
biter l'Olympe.

L'AMOUR.

Non, je ne me trouve point mal ici, je pretens y demeurer quelque temps encore,& je demande à Jupiter un mois de vacance pour me
divertir à faire parmi les hommes le métier de
Charlatan, que Mercure m'a proposé, & qui
me flatte.

JUPITER.

Un mois de vacance ! hé bien soit, je te
l'accorde : mais je reste ici ; je demeure chez le
Docteur, je te veux attendre.

LE DOCTEUR.

Chez moy, Seigneur ?..

MOMUS.

J'y demeure aussi, je n'abandonne point Jupiter.

MERCURE.

Ni moy l'Amour, nous sommes associez.

L'AMOUR.

Ni moy les interêts de Pierrot, à qui j'ai promis de faire épouser Spinette.

LE DOCTEUR.

Qu'est-ce à dire, Spinette à Pierrot?

PIERROT.

Oui, à moy Spinette.

L'AMOUR.

C'est une grace que je demande à Jupiter, en faveur du raccommodement.

JUPITER.

Mariez les parties dans les formes, si le Docteur y consent.

LE DOCTEUR.

Je n'y consens point.

JUPITER.

Sans formalité, s'il refuse.

LE DOCTEUR.

Mais, Seigneur Jupiter...

JUPITER.

Point de difficulté, Mortel, cela est reglé.

MERCURE.

Ne vous chagrinez point, Monsieur le Docteur, nous vous donnerons Philine à vous.

LE DOCTEUR.

On me donnera Philine? je le veux bien, voila qui est fini. Mais quoique ces affaires-ci se passent devant les Dieux, il seroit bon pour plus de sureté qu'elles se passassent aussi pardevant Notaire.

MERCURE.

Vous verrez que nous aurons oublié ce personnage-là.

L'AMOUR.

A quoy diantre avez-vous songé?

MERCURE.

Je ne sçai pas , il seroit pourtant bien ridicule
qu'une Comedie finît sans dénoüëment , faute
de Notaire.

LUCILE.

Monsieur Grichardin ne pourroit - il point
joüer ce rôle-là ? il a joüé si naturellement dans
la Scene de l'homme d'affaires.

Mr GRICHARDIN.

Moy ?

LUCILE.

Pourquoy non ? pour des mariages de Comedie il ne faut point tant de façon , il n'y a qu'à
signer un papier , le premier venu : n'en avez-
vous point sur vous , Monsieur le Docteur ?

LE DOCTEUR.

Je ne suis jamais sans cela.

Mr GRICHARDIN.

Je ne signerai point que je n'aye vû la fin.
L'Amour Charlatan , cela doit être joli.

L'AMOUR.

Oh pour cet article-là , cela dépend de moy ,
vous ne le verrez point que vous n'ayez signé.

Mr GRICHARDIN.

Ils font de moy ce qu'ils veulent. Me voila
de la Troupe ; allons , signons donc , qu'à cela
ne tienne , voila qui est fait. Qui signe à present ?

L'AMOUR.

Tout le monde signera. Le vrai dénoüëment
dépendoit de vôtre signature.

Mr GRICHARDIN.

Comment , comment donc ?

MERCURE

Pierrot est Leandre , à qui l'Amour donne vôtre fille ; & le Docteur , Eraste , à qui nous don-
nons vôtre niece.

 L'AMOUR

M GRICHARDIN.
Mais c'eſt une Comedie.
L'AMOUR.
Qui produit une verité. Il n'y a point de Co-
medie ſans dénouëment, comme vous ſçavez.
M GRICHARDIN.
Parbleu puiſque je l'ai ſigné, tout coup vaille,
en faveur du plaiſir que vous nous avez don-
né, je paſſe la fourberie que vous m'avez faite.

SCENE DERNIERE.

JUPITER, MOMUS, L'AMOUR MERCURE, LE DOCTEUR, PHILINE, SPINETTE, PIERROT, M GRICHARDIN, LUCILE, MAROTTE.

MAROTTE.
VOila toute la jeuneſſe du Village que vous
m'avez dit de raſſembler, Monſieur le Mu-
ſicien.
PIERROT.
Ce n'eſt plus un Muſicien, belle Marotte, c'eſt
Mercure, & moy je ne ſuis plus Pierrot, je
ſuis Leandre.
MAROTTE.
Vous êtes Leandre ? le dénouëment eſt donc
fini, comme vous le ſouhaitez ?
L'AMOUR.
Oui, mais le divertiſſement ne l'eſt pas, &
la jeuneſſe du Village vient à propos. Allons,
Mercure, voila bonne compagnie, & nous ne
pouvons prendre un meilleur moment pour
exercer nos talens, & pour debiter nôtre mar-
chandiſe.

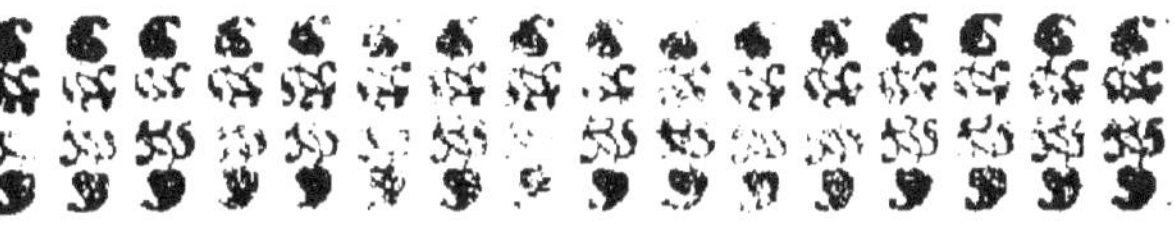

DIVERTISSEMENT.

*On fait rouler un petit Theatre sur le grand Theatre
de la Comedie, qui represente le Palais de l'Amour,
où Jupiter, Mercure, l'Amour, Momus & Pierrot
vont se placer.*

MARCHE DES ACTEURS
& Actrices du Divertissement.

L'AMOUR *chante.*

*H*Eureux mortels, je vous invite
  à vous raſſembler dans ces lieux.
Jupiter veut que je vous quitte.
Avant de remonter aux Cieux,
A peu de frais je vous débite
Mes ſecrets les plus precieux.

*Dépêchez, hâtez-vous, venez vite,
Il en est peu, ma caſſette est petite,
Et je n'en aurai que pour ceux
Qui ſeront le moins pareſſeux.
Dépêchez, hâtez-vous, venez vite, &c.*

SCENE PREMIERE.

GUILLOTGORJUS, L'AMOUR, MERCURE, & toutes les filles du Village.

GUILLOTGORJUS.

Seigneur l'Amour, puisque vôtre excellence
De ses rares secrets veut bien nous faire part,
Trouvez bon qu'un jeune vieillard
De ses petits besoins vous fasse confidence.

L'AMOUR.

Parle.

GUILLOTGORJUS.

Je suis Guillotgorjus, frais, dispos, amoureux,
Autant & plus qu'en ma verte jeunesse :
L'hymen sans me donner enfans d'aucune espece,
M'a déja quatre fois serré de ses doux nœuds,
Et pour avoir un jour des arrieres-neveux,
Je veux tout à la fois prendre femme & maîtresse.

MERCURE.

Ce sera bien fait à toy.

GUILLOTGORJUS.

Une difficulté par hazard s'y rencontre.

L'AMOUR.

Quelle ?

GUILLOTGORJUS.

Je suis de bonne foy.

MERCURE.

Hé bien ?

GUILLOTGORJUS.

Si-tôt que je me montre
Pour amant, pour époux, on ne veut point de
moy.

L'AMOUR.
la difficulté n'eſt pas grande.

GUILLOTGORJUS.

N'eſt-il pas vrai? cependant j'aprehende
De mourir ſans poſterité
Legitime, ou de contrebande.
J'en veux avoir, c'eſt un fait arrêté ;
Et par grace je vous demande
Un ſecret pour lever cette difficulté.

L'AMOUR.
Je n'en ai point.

GUILLOTGORJUS.
Quoy vous qui pouvez tout ?

L'AMOUR.
Sans doute
Il n'eſt point, mon ami, de ſecrets pour cela :
Mais pour t'en conſoler, écoute
Ce que Mercure te dira.

MERCURE *chante.*

A ton âge,
Guillotgorjus ,
Deviens ſage ,
Bois , bon homme , & n'aime plus.
Fille ou femme qui s'engage
Dans le menage ,
A pour objet de ſon deſir ,
Ou le renvage ,
Ou le plaiſir.
A ton âge ,
Guillotgorjus ,
Deviens ſage.
Bois , bon homme , & n'aime plus.

GUILLOTGORJUS.
L'avis n'eſt pas mauvais pour qui veut long-
temps vivre :

L'AMOUR

Je prens le parti de le suivre.

L'AMOUR *chante.*

Mercure est mon maitre garçon,
Et le soûtien de ma boutique ;
Si quelqu'un de mes traits vous pique,
Il en a le contrepoison :
L'avale-t-on ? non, vraiment bon,
Tant mieux. Quel usage en fait-on ?
Le remede est simple & topique ;
Et lorsqu'à propos on l'applique,
On est sûr de la guerison.

MERCURE *chante.*

L'Amour est un Charlatan,
Qui pourtant
Ne cherche à tromper personne :
Eprouvez son Orviétan,
Belles, hatez-vous, prenez-en,
Il est un âge où l'on le donne,
Il est un âge où l'on le vend.

SCENE II.

L'AMOUR, MERCURE, CLAUDINE, MAROTTE,
& toutes les filles du Village.

CLAUDINE.

Toutes les filles du Village
Voudroient bien faire essay de vôtre Orviétan :
Mais ne le vendez point, Messieurs, donnez-
nous-en,
Et nous vous promettons d'en faire un bon
usage.

MERCURE.

Avec de ſi charmans attraits,
Jeune & belle comme vous l'êtes,
Sans le ſecours de nos ſecrets,
Vous feriez aſſez de conquêtes;
Je ne veux pas pourtant vous refuſer,
Voici dans ces paquets tout ce qu'il faut pour
    plaire,
      Philtres, ſoûris, feinte colere,
      Dépits, retours, tendres manieres,
      Ne ſoyez pour en bien uſer,
      Ni trop ſenſibles, ni trop fieres,
      Obſervez un juſte milieu,
      Il eſt un temps pour ſe défendre,
      Il eſt des momens pour ſe rendre.
      N'accordez rien ſans nôtre aveu;
      Et ſongez bien ſur toutes choſes,
      Que fille d'eſprit en aimant,
Ne doit prendre d'amour qu'une legere doſe,
Et la ſçavoir donner tres forte à ſon amant.

CLAUDINE.

A ſuivre vos conſeils e ſuis ſi diſpoſée,
    Qu'il ne me faut pas plus d'un jour,
    Tant la pratique en eſt aiſée,
Pour donner des leçons aux autres à mon tour.

MAROTTE *chante.*

Livrons-nous au plaiſir dans ce charmant ſéjour.
    On n'y craint point le mal d'amour.
    C'eſt une douce maladie,
    Qui ne nous fait jamais ſouffrir,
    L'amour lui même y remedie.
Pour peu qu'il en ſoulage, on n'en veut point guerir.

Les jeunes filles du Village partagent en dan-
    ſant les paquets qu'on leur a donnez.

L'A M O U R continuë à chanter.

Voyez ailleurs chez la Raison,
Elle a des drogues à revendre :
En a t-elle le debit? non.
Je ne vous défens pas d'en prendre :
Mais l'effet en est souvent fatal.
Gardez bien de vous y méprendre,
Le remede est pis que le mal.

SCENE III.

L'AMOUR, MERCURE, THIBAUT, MATHURINE, & les filles du Village.

THIBAUT.

VOus baillez des secrets pour afin qu'on
    s'entr'aime,
J'en venons demander pour nous entre-haïr.
MERCURE.
Dans ce dessein sans une peine extrême
Croyez-vous pouvoir réüssir ?
THIBAUT.
Morgué nenni, j'en fis surpris moy-même,
Car je sommes femme & mari.
MATHURINE.
De la maniere dont il m'aime,
Je voudrois bian pourtant que Thibaut fût guari.
L'AMOUR.
Hé ! comment donc ?
MATHURINE.
       J'avons toûjours querelle,
Je ne cessons de nous gourmer.

THI-

THIBAUT.
Et tout ça pour nous trop aimer ,
Par fois c'eſt moy , ſouvent c'eſt elle.
MATHURINE.
C'eſt toûjours ly , Meſſieurs : l'autre jour un matin
Je le trouvis ſur l'herbe auprés de Marinette.
THIBAUT.
Ne me fais point parler de ſon mari Lubin ,
Je te vis hier encor l'agacer en cachette.
MATHURINE.
Pour le mari tu me bailles cent coups.
THIBAUT.
Et pour la femme toy tu fais le diable à quatre.
MATHURINE.
C'eſt que je t'aime trop.
THIBAUT.
C'eſt que je ſis jaloux.
NATHURINE.
J'aime à crier.
THIBAUT.
Moy j'aime à battre.
L'AMOUR.
Mais , Mathurine.
MATHURINE.
Non rian ne me peut changer.
Ce que j'en fais , c'eſt par malice.
Je n'aime point Lubin : mais je veux me vanger.
THIBAUT.
Je ne parle à ſa femme itou que par caprice ,
Afin de te faire enrager.
MERCURE.
Voila deux naturels aiſez à corriger.
MATHURINE.
Je nous aimons par trop , il faut que ça finiſſe.
C'en devroit déja être fait.
THIBAUT.
Tés laſſe du ménage , & je ſis tout de même.

E

Je ferons bien mieux en effet,
Je nous aimons comme on se hait.
Et je nous haïrons peut-être comme on s'aime.

MATHURINE.

Pour parvenir à ça, baillez-nous un secret.

THIBAUT.

Dites-nous quenque stratagême.

L'AMOUR.

Mes enfans, vous m'embaraffez.
Demander à l'Amour des secrets pour la haine,
Cela n'eft point de mon domaine,
Et vous êtes mal adreffez :
Mais puifqu'enfin l'Hymen vous unit de fa chai-
ne.

THIBAUT & MATHURINE.

Helas oui !

L'AMOUR.

N'eft-ce pas affez ?
Croyez moy, tôt ou tard il faut que cela vienne,
Et vous vous haïrez, ou vous vous haïffez.

THIBAUT & MATHURINE.

Je nous haïffons nous ?

L'AMOUR.

La chofe eft bien prochaine,
Vous aimez même ailleurs plus que vous ne pen-
fez.

MATHURINE.

Que t'en femble, Thibaut ?

THIBAUT.

Qu'en dis-tu, Mathureine !

MATHURINE.

Ce petit Charlatan fe connoît à la meine.

THIBAUT.

Oui morguenne, avec ly que fart de grimacer !

MATHURINE.

De rian du tout, puis qu'il deveine.

THIBAUT.

Il eft vrai ; j'avons tort tous deux de finaffer:

Mais sçais-tu ce que je projette ?
Le petit Charlatan aura le démenti,
Je ne verrai plus Marinette.
MATHURINE.
Aga, Thibaut, tu prens le bon parti.
Je n'agacerai plus Lubin, c'est chose faite.
THIBAUT.
Sur ce pied-là j'appaise mon couroux.
MATHURINE.
Et moy le mien, Thibaut : tiens, raccommodons-
nous.

MERCURE *chante.*
Les droits de l'Hymen sont égaux,
L'époux qui dans sa tendresse
Ne veut point avoir de rivaux,
Ne doit point avoir de maîtresse.
L'AMOUR *chante.*
Les droits d'Hymen sont inégaux,
L'époux malgré sa tendresse
A souvent nombre de rivaux,
Sans avoir ombre de maîtresse.

SCENE IV.

L'AMOUR, MERCURE, LE CHEVALIER Gascon.

LE CHEVALIER.

AH, Monseigneur l'Amour, je suis vôtre
    valet.
Je croyois vous rejoindre à Paris en Decembre
    Passé s'entend. Veuve qui m'en vouloit,
Tout nouveau débarqué, me saisit au colet,
Et m'a depuis ce temps tenu toûjours en cham-
    bre.

Je m'en échape, & vous joins en Juillet;
Soyez le bien trouvé, comment vous va?

LE CHEVALIER.

Mercure,
Je ne me trompe point, c'est nôtre Chevalier.

MERCURE.

Quoy le Gascon?

L'AMOUR.

L'auteur de l'avanture
De la femme du Conseiller.

MERCURE.

Oui c'est lui.

LE CHEVALIER.

Si c'est moy? je suis d'une figure
Qu'on ne peut pas aisément oublier.
Mais vous, Messieurs les Dieux, sous quelle bi-
garrure
Estes-vous déguisez? quel diable de métier?
Que faites-vous dans un village?

L'AMOUR.

Tu vois d'un galant badinage
Nous prenons l'innocent plaisir.

LE CHEVALIER.

Voila des belles à choisir,
Joli minois, gentil corsage.
Je devine à peu prés ce qui vous tient ici.
Messieurs, dans ce village-ci
Vous venez marquer un fourrage?

MERCURE.

Pour cela non, nous sommes Charlatans,
Qui cherchons le debit de nôtre marchandise.

LE CHEVALIER.

De celle-ci cadedis je pretens
Que vous ayez ma chalandise.

L'AMOUR.

Non, Chevalier, tu te méprens,
A ces jeunes manans, ces aimables fillettes,
Nous faisons part de nos talens,

Et noûs leur debitons d'amoureufes recettes,
Pour s'en fervir felon les temps.
LE CHEVALIER.
Ah que ne parlez-vous ? j'entens,
Vous tenez en ces lieux école de fornettes ?
MERCURE.
A peu prés.
LE CHEVALIER.
M'y voila, vous dreffez des Coquettes ;
Que vous êtes de fines gens !
En Efté dans nos grandes Villes
Vous devenez fouvent fort inutiles ;
Et vous allez chercher aux lieux circonvoifins
De quoy remplir vos magazins.
Que vous ferez ici d'excellentes recruës !
Je vois de toutes parts fillettes jeunes, druës,
Qui préviennent les cœurs d'un agaçant foûris,
Il fera bon pour nous cet hyver à Paris.
Je m'y rens:mais pendant toute vôtre campagne,
Trouvez bon, s'il vous plaît, que je vous ac-
compagne.
L'AMOUR.
Tu viendrois avec nous ?
LE CHEVALIER.
Je ne m'en dedis point,
Je vous prefere à Mars,je fuis ferme en ce point,
Duffai-je être caffé. Tout ce que je demande,
C'eft qu'on me mette de la bande.
Allons, petit tendron, prenez-moy pour galand,
Et je vous prendrai pour maitreffe ;
L'Amour me connoît bien, il fera mon garand,
Je fuis jeune, & j'ai du talent,
Nous ferons affaut de tendreffe.
MERCURE.
Le Chevalier eft toûjours fou.
LE CHEVALIER.
Sandis je ne fçai pas par où
Je parois tel : mais je me trouve fage,

De me vouloir faufiler avec vous ;
Et je ne sçache que des fous,
Qui ne gouteront pas un pareil badinage.

L'AMOUR.

S'il te plaît, Chevalier, nous le continurons.

LE CHEVALIER.

C'est bien dit, nous irons de bourgade en bour-
gade
Promener nôtre mascarade,
Puis l'hiver à Paris nous recommencerons.
Là si du mal d'amour quelque veuve est malade,
Je suis garçon Orviétan.
Allons, enfans, chorus & la petite danse,
Pour se retirer en cadance,
Et vive l'Amour Charlatan.

BRANLE.

MAROTTE.

Vive, vive l'Amour Charlatan.
Plus habile qu'Hypocrate,
Dans nôtre mal il nous flate,
Et le soulage pourtant.
Vive, &c.

LE CHEVALIER.

Vive, vive l'Amour Charlatan.
Dans tes yeux en embuscade,
Ce Dieu m'a rendu malade ;
Quelque peu d'Orviétan.
Vive, &c.

CLAUDINE.

Quelque mal qui nous possede,
C'est un merveilleux remede.
L'usage en est excellent.
Vive, &c.

MAROTTE.

Cet heureux secret rappelle
L'amant qui n'est pas fidele,
Et fixe l'amant constant.
Vive, &c.

CLAUDINE.

C'est par cet amour femelle
Qu'Angelique & qu'Isabelle
S'unissent à leur amant.
Vive, &c.

SPINETTE.

Pour couronner l'avanture,
Que cet Amour & Mercure
Se hâtent d'en faire autant.
Vive, &c.

MARTON en Amour.

Sans reflechir sur la chose,
Tope à l'hymen qu'on propose,
Il manquoit au dénouëment.
Vive, &c.

MERCURE.

Quoyque la piece nouvelle
Ne soit qu'une bagatelle,
Si le public est content,
Vive, vive l'Amour Charlatan.

Fin du Divertissement de l'Amour Charlatan.

APPROBATION.

J'AY lû par ordre de Monseigneur le Chancelier *la Comedie des Comediens* ou *l'Amour Charlatan*, j'ai crû que le Public en verroit l'impression avec le même plaisir qu'il en a vû les representations. Fait à Paris ce 2. Septembre 1710.

Signé, DANCHET.